Roberto Falciola

L'uomo che costruiva sogni

Storia di Enrico Mauri, prete

EFFATA' EDITRICE

Via Tre Denti, 1
10060 Cantalupa (Torino)

Tel. 0121.35.34.52 ~ Fax 0121.35.38.39
E mail: info@effata.it
www.effata.it

ISBN 88-7402-128-3

Grafica: Claudio Bellini, Fabrizio Meloni
Stampa: Stargrafica – Grugliasco (Torino)
Prima edizione: gennaio 2004

Ristampa	Anno
0 1 2 3 4 5	04 05 06 07 08

Chi non sogna non ama,
o meglio, ama se stesso
adagiato nel quieto vivere;
ma l'apostolato
non è quieto vivere,
è tormento di vita.

Enrico Mauri

1960
PROLOGO

In quel mattino di novembre, mentre un sole pallido intiepidiva la stanza, l'anziano prete alzò lo sguardo al di là dei vetri, dove il cielo di Sestri dimostrava ancora una volta la sua potenza d'azzurro. Aprendo la finestra avrebbe gustato la brezza pungente del mare, ma non poteva rischiare di prendere freddo. Strinse anzi attorno al petto la mantellina sulla talare e poggiò la testa dai lunghi capelli bianchi sul cuscino, sistemandosi per leggere.

Prese il fascio di carte, con in cima «L'Osservatore Romano». Immaginando l'agitazione curiale per il Concilio che si stava preparando, ancora una volta non poteva trattenere un sorriso. Il suo vecchio amico, che ora vestiva di bianco, stava regalando ai suoi ultimi anni una ventata di entusiasmo: avrebbero lasciato dietro di loro una Chiesa ancora più bella.

Ora avrebbe aperto le lettere, lasciando riempire come ogni giorno i suoi pensieri di cento volti e storie di donne e di uomini che cercavano in lui un padre amorevole, e avrebbe risposto con cura, adempiendo il più dolce dei compiti che il Signore gli aveva affidato.

Non poteva più viaggiare come prima. Forse non avrebbe viaggiato mai più. Il segnale che il cuore tre mesi avanti gli aveva mandato era troppo potente. Lo colse il pensiero di chissà quanti chilometri avessero fatto le sue povere ossa in tutti quegli anni di ministero. Beh, comunque sarebbero dovuti bastare.

E poi aveva ancora tante cose da fare, senza andare in giro. Il suo stare fermo, stava imparando, era costantemente abitato: tante persone da incontrare, da ascoltare, da consigliare, tanti pensieri da lasciar affiorare, e tanti ricordi da cui lasciarsi cullare, che la sua buona memoria ripescava in lungo e in largo dalla sua lunga vita. E, soprattutto, i sogni... quei pensieri carichi di futuro, quelle immaginazioni che gli facevano intuire le possibilità dentro le situazioni della storia, quel desiderio di trasformare il mondo e di aiutare le anime di uomini e donne a tuffarsi nelle ore e nei giorni, perché in essi fosse evidente la gloria di Dio. Anche adesso, a quasi ottant'anni, la sua mente ne era percorsa, con la stessa energia con cui lo spingevano da giovane prete, e poi da uomo maturo, a inventare, a concepire progetti audaci, costruzioni spirituali e materiali, e a cominciarli senza garanzie che non fossero la smisurata fiducia in Dio e nella sua Provvidenza.

Ora avrebbe aperto le lettere. Ma prima si sarebbe concesso ancora per qualche minuto di lasciar ritornare il passato; perché più di tutto gli piaceva vedere affiorare quel filo d'amore che aveva percorso la vita, legandola tutta insieme e facendone un unico capolavoro; anche quando, vivendo, non era possibile capire se c'era e dov'era, e solo ora, a distanza di anni, poteva vederlo così, chiaro com'era, e poteva dirsi che sì, era stato giusto e buono fidarsi di Dio, sempre e comunque.

Quante cose da fare ancora, e quanta voglia ancora di servire il Signore, e quante poche forze, ormai. «Fatti coraggio, padre Mauri, povero orfanello», si disse come sempre. Chiuse gli occhi e iniziò a ricordare.

1883
FIGLIO

Giuseppina aveva ventidue anni, quando si era sposata con un uomo di sedici anni più anziano, Giuseppe. Entrambi lavoravano in seteria: lei operaia, lui fuochista; forse lì era nato l'amore. Era il 20 gennaio del 1883: un matrimonio semplice, come si usava allora. E lei subito incinta, come spesso succedeva.

Così, nove mesi dopo, il sole illuminò il viso nuovo di un bimbo, che iniziava la sua avventura nel mondo ripetendo per l'ennesima volta il miracolo della creazione. Era il 26 ottobre, a Bosisio Parini, vicino al lago di Como.

Lo chiamarono Enrico, e non sappiamo il perché. E non sappiamo molto di più neppure di lei, Giuseppina, salvo ciò che lo stesso Enrico amava raccontare, e che era stato a sua volta a lui raccontato: che era una donna di fede profonda. Dopo soli quaranta giorni aveva dovuto lasciare allontanare il figlioletto, perché gravemente malata. E quando il piccolo non aveva ancora tre anni si era spenta, lasciando dietro di sé una richiesta, una speranza, un augurio: «Signor curato, le affido questo bambino, che non potrò allevare, perché il Signore ne faccia un sacerdote», aveva detto al parroco quando aveva compreso di doversene staccare.

Così Enrico Mauri entrò nella vita come un affidato. Lo prese nella sua casa la famiglia Frigerio, di Albavilla: brave e buone persone, gente di fede; capaci di accogliere un bimbo non loro (e anche altri, oltre Enrico) e farne un proprio figlio. Questo diceva Enrico, infatti, parlando di loro: che lo avevano cresciuto «come un figlio vero».

Non una frase fatta; sulla bocca di Enrico era vita vissuta, parole che stillavano una consapevolezza profonda: di essere stato senza madre, ma non senza l'amore di una madre; di aver vissuto lontano dal padre, ma non senza la presenza di un padre; di non avere fratelli, ma di aver vissuto da fratello. Di aver fatto esperienza, cioè, di come la vita nasca dalla carne ma abbia bisogno di essere accolta, amata e custodita al di là della carne.

Orfano, si sente Enrico. Ma orfano amato, orfano però figlio, vuoto ma pieno. Che sa cosa significa stare nel mondo da solo, e sperimenta sulla sua pelle che però soli non si può stare e che la vita è prendersi cura degli altri, è relazione coltivata dentro ma anche al di là del sangue.

Della sua infanzia non sappiamo molto. Lo possiamo immaginare magro e svelto e vivace mentre condivide la vita di casa, gioca coi fratelli e le sorelle, osserva il mondo e vi si affaccia curioso come tutti i bambini. Lega in particolare con una sorella, Virginia. Introdotto nelle abitudini religiose di famiglia, frequenta la parrocchia, va a Messa la domenica.

Chissà cosa lo attira alla veste talare... Quanto può contare nella vita di un bimbo la coscienza di un voto materno, il sentire su di sé lo sguardo celeste della mamma che lo vede sacerdote? E quanto può contare l'affetto paterno di un buon prete, o santo prete, come quel monsignor Giuseppe Villa che lo accoglie sulla soglia della parrocchia, che lo prende come chierichetto, e lo aiuta a far chiaro dentro di sé e a riconoscere la chiamata di Dio?

Sono tanti gli strumenti di cui il Signore si serve per dimostrare a un'anima il suo amore e indirizzarla alla risposta che dà all'uomo la vita vera. Ma bisogna che quell'anima sia libera e pronta a cercare il bene; quella di Enrico lo è. E vede con chiarezza la strada aprirsi di fronte a lui: essere prete.

Con i buoni uffici di don Villa, Enrico entra a dieci anni in seminario. Comincia così il lungo cammino della preparazione: quindici anni di studi, cambiando più seminari, passando dalla diocesi di Como a quella di Milano, sorretto dall'assistenza anche economica di don Villa e dei suoi parrocchiani, dai contributi dello stesso seminario e poi dai quattrini riconosciuti per i servizi interni al seminario. Per studiare, infatti, occorreva pagare una retta, e coloro che avevano pochi mezzi ricevevano talvolta qualche aiuto dall'istituzione, specie se si dimostravano bravi studenti. Ed Enrico lo fu: diligente, si applicava e faceva del suo meglio; non si lasciava distrarre, anche senza sacrificare la propria vivacità. Avuta l'età, fece anche il prefetto agli studi dei seminaristi più piccoli.

D'estate e durante le vacanze ritorna ad Albavilla, a stare un po' con papà Giuseppe. Ha diciott'anni, Enrico, quando suo padre cinquantaseienne si spegne all'ospedale di Gallarate. Non è ancora uomo, ed è definitivamente solo al mondo. Il senso di questa condizione lo accompagnerà per tutta la vita.

E in seminario attraversa le prime prove di un limite che lo segnerà lungo tutta la sua esistenza: la salute precaria. A ventidue anni deve saltare un intero anno di studi, perché il suo apparato respiratorio rivela tutta la sua debolezza, ed egli deve riparare nelle terre natali per riprendere salute e benessere.

Piano piano, il cammino si compie. Finalmente, a ventiquattro anni, Enrico diviene don Enrico, ordinato sacerdote dal cardinale di Milano Carlo Andrea Ferrari, che ben lo conosce e così lo presenta a monsignor Conforti, il vescovo di Parma presente all'ordinazione: «Benedica questo sacerdote che, come Melchisedek, è senza padre, senza madre, senza genealogia». E i due futuri Servi di Dio benedicono il terzo.

Il giovane prete viene così gettato nel mondo a esercitare la sua missione.

Umile e unico figlio di un onesto macchinista e di una pia lavoratrice di filanda, rimasto presto senza padre e senza madre, il buon Dio, che degli orfani è Padre e che l'orfano spesso fa suo, nella sua ineffabile misericordia affidava la fanciullezza inesperta a cuori materni e pii e l'adolescenza, che timidamente sbocciava a una vocazione, ad un venerando sacerdote oblato, don Giuseppe Villa, perla preziosa del clero milanese che, per il povero orfano aspirante al sacerdozio, fu pane, tetto e soprattutto Padre spirituale[1].

Enrico Mauri fu un ragazzino come tutti i ragazzini della sua età. I compiti a casa, i giochi, i giri nei boschi e sulle colline, l'aiuto che gli veniva richiesto per i piccoli lavori in campagna, la gioiosa partecipazione alle varie fiere e

[1] E. Mauri, *Soave larghezza di divine misericordie in 25 anni di sacerdozio*, in «La Voce della Madonnina», 6 (1933), p. 4.

feste del paese e dintorni furono la trama della sua vita ordinaria in quei primi anni. Era un piccolo bimbo gracile e minuto, ma prendeva sempre parte alle attività della famiglia adottiva.

Alla fine della giornata sempre piena, Enrico si addormentava molto presto, per riprendere al mattino dopo, col solito ritmo. Il richiamo della campana con il suono dell'Ave Maria per la prima Messa lo svegliava di soprassalto; Enrico era il primo ad arrivare in chiesa per prestare servizio di chierichetto, ma capitava che la campana non fosse sufficiente per toglierlo dal sonno. Enrico suggerì di legare al suo polso una cordicella che dalla finestra raggiungeva la cucina. Da qui uno strappo al momento giusto, ed era abbastanza per far scendere Enrico, e via di corsa verso la chiesa e l'altare dove molto compìto ed attento serviva la Messa.

Luisa Giudici[2]

[2] L. Giudici, *Padre Enrico Mauri. Promotore dell'Opera Madonnina del Grappa,* Cantù 1991 (1993²), pp. 14-15.

1908
PRETE

Il primo incarico di don Enrico è di responsabilità. C'è un giovane vescovo al suo primo incarico, destinato alla diocesi di Bobbio; si chiama Luigi Maria Marelli, ed è amico di monsignor Villa, l'anziano prete che da Albavilla continua a seguire trepidamente il suo pupillo. Proprio grazie a don Giuseppe ha conosciuto Enrico, e sicuramente dalle sue parole ne ha tratto ben più di una impressione superficiale: così, la salute precaria di don Enrico diviene il pretesto per la destinazione di Bobbio. Il clima dell'Appennino dovrà far bene ai suoi polmoni, mentre egli metterà alla prova le sue forze fresche di prete: sarà segretario del vescovo. Un incarico fuori diocesi, quindi; ancora una volta Enrico è lanciato nel mondo, «fuori di casa», e impara ancora di più che è il mondo ad essere l'unica casa di tutti.

In realtà, monsignor Marelli ha le idee chiare: quel suo pretino non lo accompagnerà per giocare al risparmio e pensare alla salute, ma per affiancarlo nel percorso apostolico di pastore del popolo bobbiese, stando al passo con i tempi e dentro la cultura mentre essa si forma e cresce. Marelli infatti è un vescovo aperto alla storia, non racchiuso nella tradizione; così come monsignor Giacomo Radini Tedeschi, che è vescovo a Bergamo, e ha per segretario un altro giovane prete, Angelo Roncalli. Don Enrico e Don Angelo si conoscono quello stesso anno, il 1908, in ottobre. Un incontro, al santuario bergamasco della Cornabusa, che entrambi in futuro ricorderanno spesso.

Il momento storico in cui don Enrico muove i suoi primi passi non è dei più semplici.

Dal punto di vista politico e sociale ci sono grandi fermenti; pochi anni sono trascorsi dall'assassinio di re Umberto I, punta dell'iceberg di un confronto civile in cui si agitano i problemi innescati dall'industrializzazione e dalla nascita del proletariato. Nuove dottrine sociali si sono affacciate, confrontandosi con la realtà delle masse operaie e la povertà del mondo contadino; nuove interpretazioni del mondo mettono in discussione l'ordine prestabilito, scuotono le coscienze; alcune vorrebbero spiegare ogni cosa scientificamente e cancellare la metafisica, la fede, la religione. Molti Paesi sono percorsi da inquietudini al proprio interno, mentre i rapporti di forza tra le nazioni europee sono sempre precari.

Anche nella Chiesa non mancano interrogativi su cosa voglia dire confrontarsi con il mondo moderno; le novità sociali e politiche nonché gli ordinamenti civili e statali nati sull'onda della rivoluzione francese, una cultura diffusa tendente ad affrancarsi dalla tradizionale tutela svolta dalla religione cattolica, provocano i credenti, ecclesiastici e laici, a domandarsi se qualcosa debba cambiare. Ci sono spinte ad alcune forme di rinnovamento, non per forza collegate tra loro e relative anche a campi diversi (dall'applicazione del metodo storico-critico ai testi biblici, al superamento della scolastica in teologia, a forme di presenza dei cattolici nella vita della società fuori dalla tutela della gerarchia) che vengono però vissute da una parte consistente del corpo ecclesiale come pericolose e dannose per il bene della Chiesa. Nel 1907 questi indirizzi, riassunti nel concetto generico di modernismo, vengono riprovati pubblicamente da Pio X con l'enciclica *Pascendi*: una mossa che prelude a severi provvedimenti applicati negli anni seguenti nei confronti di coloro che, di fatto e talvolta solo apparentemente, condividono una visione non intransigente della relazione tra Chiesa e mondo.

Ma tra le due linee teoriche opposte – modernismo e intransigentismo – esiste lo spazio sterminato delle situazioni concrete, della gente vera, della storia che si svolge con un ritmo incalzante e chiede risposte immediate alla coscienza dei credenti. Uno spazio in cui un uomo giovane, forte dell'entusiasmo di una fresca investitura e di una non piccola caratura spirituale, non vede l'ora di giocare la sua partita.

Il viaggio che lo porta a Bobbio è per don Enrico un evento: è l'inizio della missione di tutta la vita. Sa di essere nato per questo, ed ora sta andando a vivere il suo destino. Le prime messe, le prime prediche, le prime persone che gli saranno affidate, le prime confessioni, le prime prove di confronto col mondo concreto, reale... Non c'è da stupirsi se quasi sessant'anni dopo potrà scrivere parole che dimostrano un ricordo tanto preciso di dettagli, luci, colori. Tutto il suo essere è all'erta, proteso a vivere in pienezza la propria missione:

> Ricordo quel pomeriggio del 20 giugno 1908 quando, benedetto dal card. Ferrari di Milano, raggiunsi Piacenza e in treno a Rivergaro e di là in corriera, fiancheggiando il Trebbia, su su verso Bobbio che vidi avvolto nel crepuscolo. Solo all'indomani Bobbio mi apparve nella sua splendida Cattedrale e nella Basilica di S. Colombano con la tomba del Santo e il santuario della Beata Vergine dell'Aiuto[1].

[1] E. MAURI, *Risalendo la Trebbia 57 anni dopo*, manoscritto del 1965, Archivio Opera Madonnina del Grappa.

Ma che prete arriva a Bobbio in quel 1908?

È un prete cresciuto in un sistema formativo, quello della diocesi milanese, che esprime una decisa attenzione alla storia e alla cultura; guidata da un arcivescovo dalle notevoli capacità pastorali e profondità spirituale, il cardinal Ferrari, Milano costituiva un riferimento per grande parte della Chiesa italiana per la capacità di tendere le orecchie ai cambiamenti. Anche nei piani di istruzione dei seminari, pur con prudenza, i giovani chierici venivano messi a contatto con i problemi attuali e introdotti agli sviluppi della dottrina sociale come si andava definendo sull'onda dell'enciclica *Rerum novarum* che, emanata da Leone XIII nel 1893, aveva segnato un'apertura nel rapporto tra la Chiesa cattolica e il mondo contemporaneo.

Il fatto che i primi articoli che don Enrico scrive sul giornale della diocesi di Bobbio «La Trebbia» siano tre puntate dedicate alla «questione sociale» è significativo; in essi egli rivela uno sguardo acuto sulla realtà, che coniuga la formazione acquisita nello studio (con un'attenta e precisa disamina delle cause alle spalle delle sperequazioni sociali, dalla insufficiente distribuzione delle ricchezze alla insensibilità degli abbienti verso la povera gente, e dei motivi alla base del sorgere del socialismo) con la capacità di presentare in maniera eloquente il progetto cristiano per il progresso sociale. Già si sente che quelle parole non sono una rimasticatura di scuola, ma mostrano una rielaborazione personale in chiave di progetto.

Nel frattempo, però, questa sensibilità s'innesta su una formazione sacerdotale posta su profonde fondamenta spirituali. Don Enrico ha maturato la sua idea dell'essere prete avendo di fronte un modello concreto, che ha arricchito negli anni di seminario di ulteriori sfumature, ma che resta nel profondo come impronta indelebile: monsignor Giuseppe Villa, umile ma colto prete di campagna capace di coniugare la cura d'anime e l'attenzione al sociale, la celebrazione dei sacramenti e l'assistenza dei malati, «fedelissimo al suo modesto ufficio di coadiutore e lanciato nel ministero di predicatore apostolico; scalatore di montagne e amante delle vette dello spirito; austero e gioviale ad un tempo; consigliere del popolo e confessore del clero»: così lo dipinge lo stesso don Enrico, a distanza di tanti anni; ma conclude: «E soprattutto serafino del tabernacolo specie nelle ore settimanali di adorazione che all'Ostia Santa ne fissavano estaticamente occhi e cuore».

L'Eucaristia è il faro che illumina la strada di don Enrico; lo è adesso, all'inizio del suo ministero, e sempre lo sarà nella sua vita. L'ha imparato da monsignor Villa, e ne è stato confermato dalla più autorevole delle indicazioni, la parola del papa. Pio X infatti, nel 1905, ha con un decreto dato il suo beneplacito al culto eucaristico, raccomandando ai fedeli anche l'Eucaristia quotidiana. Così il giovane prete, mentre scrive di sociale e agisce come vedremo, si distingue anche per l'impegno di predicatore, nel quale tema prediletto è proprio l'Eucaristia.

Don Mauri non limita la sua attività ai compiti immediati di segretario del vescovo; li svolge con diligenza e accompagna monsignor Marelli nelle visite pastorali, ma dedica ampie porzioni del suo tempo alla vita civile e a seguire i giovani e la loro formazione. È un uomo curioso di letture e di incontri; in seminario aveva imparato la preziosità delle biblioteche come luogo in cui attingere idee e sapere, lezione che avrebbe portato con sé in tutte le esperienze seguenti; ora può anche slanciarsi a raccogliere di prima mano le idee là dove sono esposte in diretta.

Inizia così una serie di viaggi, delle cui impressioni rende conto su «La Trebbia». Nel 1909 va al Congresso Regionale Lombardo della Gioventù Cattolica a Pavia (in maggio), nel quale resta impressionato dalla carica di entusiasmo dimostrata dai settecento presenti. L'istinto pratico di don Enrico lo spinge sempre a trarre dall'esperienza un utile per le situazioni in cui vive: «Li osservavo attento, mi sforzavo d'intenderne il significato, di scoprirne le cause, d'imparare per un prossimo avvenire»[2]. Il viaggio di ritorno a Bobbio sarà sempre, in queste occasioni, il tempo in cui pensare a come applicare le intuizioni avute.

Dello stesso anno ci restano gli appunti scritti da don Enrico agli esercizi spirituali predicati dal precedente vescovo di Bobbio, monsignor Morganti: i suoi primi esercizi da prete. Sono un documento importante, perché rivelano dal di dentro come don Enrico vedesse se stesso e quali fossero per lui le priorità individuate di fronte al Signore per migliorarsi, cioè per essergli maggiormente fedele.

La cosa principale maturata negli esercizi è descritta così: «Sistemare la vita – ordinarla nello spirito e nelle cose materiali – ordinarla in riguardo a Dio, al prossimo, a sé, al posto fissato dalla Provvidenza». Don Enrico avverte che la sua quotidianità è troppo ricca di cose e di fatti, e di correre il rischio della dispersione; ci vuole ordine: «*La mia salvezza eterna* dipende da qui, essendo l'*unica* via per *fuggire* il *peccato, progredire nella virtù, santificarmi*», ed è questa l'unica via anche affinché da lui possa venire un bene per le anime di cui deve aver cura. Ne discende, per

[2] E. MAURI, *Palpiti di anime giovani (Echi di un Congresso ed impressioni di un entusiasta)*, in «La Trebbia», 30 maggio 1909.

don Enrico, una minuziosa risistemazione delle giornate, con un orario preciso che scandisca gli impegni e le cose irrinunciabili. Tra di esse, una è prioritaria: «*Adorazione-Meditazione* è il punto capitalissimo – decisivo per me – l'averla o non fatta o superficialmente, fu la fonte d'ogni errore ed insuccesso». È interessante questo legame tra adorazione e meditazione: due momenti diversi, nella vita cristiana, ma indicati qui come strettamente connessi. Appunta a margine ancora don Enrico: «Prete che medita, prete buono senz'altro – prete che non medita o male – prete...?!».

Gli esercizi sono stati un tempo di verifica e di ricarica; don Enrico ha individuato bene le carenze della sua vita di cristiano e di prete, e le ragioni di quelli che più volte scrivendo definisce «insuccessi». Probabilmente questa esperienza è stata davvero determinante per sfrondare e irrobustire il suo stile sacerdotale, aiutandolo a identificare nuovamente le priorità. Si chiede se ce la farà ad essere fedele ai propositi: «Mr. Morganti mi richiama alla "dinamo Eucaristica". Mio Dio! nella fiducia in Cristo Sacramentato; nel proposito di pregare *ogni dì* nel *S. Sacrificio,* nella *visita* [al tabernacolo, ndr], ogni settimana nell'*ora* [di adorazione, ndr], chiudo questi appunti sperando».

Appena torna dagli esercizi parte per la IV Settimana Sociale promossa dall'Unione Popolare a Firenze, con relatori come padre Agostino Gemelli e Giuseppe Toniolo, in cui vengono affrontati temi di attualità, sia in chiave più teorica (come *Il concetto cristiano del lavoro e la dottrina economica*) che concreta (come *Il contratto di mezzadria a tipo toscano*), passando per il lavoro femminile, la scuola, la stampa popolare, l'arte e la pubblica amministrazione. Questa l'impressione che ne ricava: «Un vero bagno rigenerante di pensiero sociale che constatò e raffermò unità mirabile di spiriti, ripresa di animo nelle fila dei giovani ed una febbre prodigiosa di lavoro mai osservata»[3].

Don Enrico si sente coinvolto in una rete di attività intensa, che i cattolici hanno teso su tutto il territorio nazionale. La spinta che esprime nella diocesi bobbiese è indirizzata a coinvolgere in questo movimento quanta più gente possibile, in special modo i giovani e le donne. Molte delle numerose iniziative varate negli anni trascorsi a Bobbio sono volte alla loro formazione umana e cristiana: lezioni al Circolo femminile di cultura e al Comitato Donne Cattoliche, assistenza all'Associazione Studenti Secondari, fondazione dell'associazione giovanile «Scientia et Robur», cura dei giovani del centro «Don Bosco» e delle giovani che frequentano la Scuola di Religione...

È importante però sottolineare l'attenzione posta al problema vocazionale, segno che a fondamento dell'azione educativa c'è per don Enrico comunque la necessità di condurre ogni anima all'incontro con Cristo. Ne è un esempio eloquente il fatto che nel periodo bobbiese egli segue con particolare cura un gruppo di ragazze preparandole alla consacrazione, progettando una forma di vita religiosa legata alla diocesi: il programma non andrà in porto con lui, perché partirà prima di averlo concretizzato, ma le giovani «Virgines Bobienses» saranno guidate dal vescovo seguente a una consacrazione di tipo secolare.

Compare già nella sua opera e nel suo pensiero un'attenzione particolare alla realtà femminile che, a guardarla sapendo come si svilupperà la sua vita, sembra contenere in boccio delle formidabili conseguenze; in confe-

[3] DEM [E. MAURI], *La settimana sociale di Firenze*, in «La Trebbia», 10 ottobre 1909.

renze e lezioni egli per primo tratteggia le caratteristiche di un «femminismo cristiano» che punta a riconoscere alla donna delle capacità e delle possibilità enormi per l'evangelizzazione e la promozione sociale e civile, e favorisce lo sviluppo del Comitato delle Donne Cattoliche come realtà capace di realizzare a livello locale tale promozione.

Nella preoccupazione per la gioventù, come in tutta l'opera di don Enrico, non si può separare ciò che è spirituale da ciò che è umano; ecco allora l'avvio di un doposcuola nei locali dell'episcopio, l'istituzione del «Salvadanaio» per allenare i bambini al risparmio e al rapporto con l'economia degli adulti, il progetto di un cinematografo, o l'idea di un Patronato Femminile Operaio per l'assistenza morale, economica, sociale-professionale, istruttiva e ricreativa delle ragazze.

È Assistente ecclesiastico dell'Unione Cattolica del Lavoro, per i cui aderenti contadini stila un programma assai attento alla concretezza (scuola e servizio medico) e cura una serie di incontri di formazione sugli elementi essenziali della vita democratica, giungendo a specificare la necessità del suffragio universale e di una riforma delle regole elettorali all'insegna della rappresentanza proporzionale.

L'impegno dei cattolici nella vita politica è infatti per don Enrico la diretta conseguenza del programma di rinnovamento sociale ispirato dal Vangelo. Egli stesso, in occasione delle elezioni del 1911, si è impegnato direttamente, con le debite autorizzazioni ecclesiastiche (era ancora in vigore il *non expedit*, divieto a partecipare alla vita pubblica seguito all'occupazione dello Stato Pontificio nel 1870), per l'appoggio alla candidatura di un giovane cattolico bobbiese al Parlamento.

Questa attività, condotta con intensità e alla luce del sole, aveva provocato una serie di violenti attacchi personali da parte del giornale d'ispirazione liberale e anticlericale che già nel titolo «Il Penice» (monte che sovrasta Bobbio) mostrava di volersi contrapporre all'organo cattolico «La Trebbia» (fiume che scorre sotto la città). Aggressioni che non ottennero in realtà altro che la conferma della solidarietà a don Mauri dalla maggior parte della popolazione, nonché dell'appoggio che il vescovo dava al suo segretario anche in tali questioni.

Il 1910 è per don Enrico un anno non facile, aperto dalla morte di monsignor Giuseppe Villa, ennesimo distacco degli affetti per il giovane prete, e segnato da due severe indisposizioni fisiche in primavera e in autunno, che gli impediscono anche gli esercizi spirituali. Deve aspettare la seconda metà dell'anno seguente per rituffarsi in un turbine di viaggi tra agosto e settembre, cominciando dal 58° Congresso Cattolico tedesco a Magonza, in occasione del quale visita a Monaco la sede del Volskverein, associazione cattolica con settecentomila soci che gli lascia una forte impressione di organizzazione e di forza, per poi presenziare ad attività sociali cattoliche a Pavia, Como, Torino, Bergamo e Brescia. Ne ritorna con rafforzato il pensiero che basterebbe un poco di organizzazione in più per dare alla realtà bobbiese un respiro paragonabile a quelle diocesi così attive. Su quest'onda tenta subito un primo esperimento, organizzando in ottobre la Festa-Convegno dei Cattolici Bobbiesi, che riesce molto bene, «spettacolo nuovo per la nostra Città assunse proporzioni e caratteristiche non mai fra noi, né vedute né molto meno sperate»[4].

[4] DEM [E. Mauri], *Giornata trionfale! Constatazioni conforti e speranze*, in «La Trebbia», 22 ottobre 1911.

Altre due tappe di questo itinerario di conoscenza e aggiornamento fuori diocesi sono nel settembre 1912 la partecipazione al Congresso Eucaristico Internazionale di Vienna, che gli lascia un'impressione straordinaria e dove incontra nuovamente don Angelo Roncalli, e alla 7ª Settimana Sociale a Venezia, dedicata alla scuola.

Il suo soggiorno bobbiese prosegue quindi con un'azione senza risparmio, a tutto campo. Illuminato dal faro dell'Eucaristia, il prete prende sempre più possesso delle sue capacità e le tempra nel crogiuolo della quotidianità, mentre l'uomo matura misurando i fatti della storia e la vita della gente intorno a lui. La realtà della diocesi che è stata il suo primo campo di azione non è molto grande, ma proprio questo si rivela un vantaggio, permettendogli di fare cose a sua misura, con successi adatti a confermare le intuizioni e gli entusiasmi e insuccessi comunque di dimensioni sopportabili, e di percepire intanto la propria capacità di fare cose «smisurate», quando ne verrà il momento.

Mentre sta per compiersi il settimo anno a Bobbio, e l'Europa è arroventata da alcuni mesi dal conflitto che diventerà presto la prima guerra mondiale, muore a Bergamo il vescovo Radini Tedeschi, e monsignor Marelli viene nominato suo successore. Anche per don Enrico si tratta di voltare pagina: è andato sugli Appennini perché in pratica affidato al vescovo Marelli, e ora, partendo quello, la conseguenza più logica è seguirlo.

La partenza dei due è salutata con grande affetto e riconoscenza dai diocesani, mentre il vescovo sembra quasi consapevole di dover attribuire in buona parte alla grande attività del suo segretario il discreto rinnovamento che il settennio trascorso ha portato in diocesi; anni dopo, infatti, don Enrico ricordando il giorno dell'addio narrerà:

Quando ci fu la partenza ufficiale di entrambi da Bobbio, [...] tra un'ala di popolo che applaudiva, il Vescovo benediceva la folla, ma a tratti indicava con la mano di rivolgere gli applausi al suo segretario[5].

È l'aprile 1915 quando don Enrico giunge a Bergamo. Un mese dopo l'Italia entra in guerra. Sempre segretario del vescovo, viene inserito in qualche attività dedicata ai giovani. Ma pochi mesi dopo volta la pagina del tutto, lasciando Marelli e Bergamo e rientrando a Milano.

Il venerando sacerdote [monsignor Giuseppe Villa, ndr] fu felice di sapermi destinato dal cardinale Arcivescovo a seguire a Bobbio S. E. Mons. Marelli, che al seminarista povero e di fragile salute era stato larga provvidenza. Egli sapeva che il novello sacerdote avrebbe trovato al fianco del novello vescovo di Bobbio un esempio preclaro, un padre amorosissimo, un Superiore che avrebbe volentieri sacrificato personali esigenze per esercitare nel ministero, nella scuola, nell'Azione Cattolica, i primi slanci di una vita sacerdotale.

E i sette anni di sacerdozio passati a Bobbio alla scuola di tanto Maestro, sulle tombe dell'Apostolo dell'Irlanda, S. Colombano, e del Venerabile Gianelli, oggi Beato, furono anni veramente soffusi di tanta misericordia divina, che mi restituiva la salute e offriva, pur in piccolo campo, vaste zone di apostolato[6].

[5] A. Di Medio, *Padre Enrico Mauri. Prete santo e dinamico*, Ancora, Milano 1999, p. 33.

[6] E. Mauri, *Soave larghezza di divine misericordie in 25 anni di sacerdozio*, in «La Voce della Madonnina», 6 (1933).

È un prete che parlando e scrivendo, insinua, calunnia, mentisce.

Dagli al prete?

Ma che! Dagli all'insinuatore, calunniatore, mentitore.

Il prete se la vedrà poi con il suo principale. Dovrà vedere il vescovo di Bobbio se gli convenga ancora, se proprio sia utile ai fini della propria missione di cristiana pace e di cristiano amore tenersi un collaboratore di pace e d'amore come Enrico Mauri.

È affare di S.E.

L'uomo va denunziato. [...]

Correvano i primi allarmi del pretume minacciato nella santa bottega dal risveglio popolare. Mauri poté essere corrispondente di giornali e sfogare l'accumulato odio settario mal contenuto nell'ombra degli oratorii e dei ricreatorii.

Fu un turpiloquio, indecente, rivoltante.

In nome della Democrazia (!) e di Cristo (!) il gesuita mascherato da democristo propugnava il boicottaggio dei lavoratori che non fossero pecore dei preti. [...]

Poi, è storia di ieri. Mauri fu la più nauseante figura di prete elettorale. Insultatore nel giornale, claqueur e impresario di fischi nei comizi, calunniatore subdolo nei crocchi, eccitatore d'odio sempre. [...]

Si diceva che Monsignor Vescovo, preoccupato di salvare almeno l'onore suo personale dopo una battaglia perduta, avesse messo il bavaglio a Mauri.

Parrebbe invece che il vescovo sia solidale col segretario. Condoglianze al vescovo[7].

[7] G. OLMI, *Il prete Mauri*, in «Il Penice», 28 maggio 1911.

La Direzione diocesana a don Mauri

Nell'adunanza del 17 corr. la Direzione Diocesana di Bobbio considerando l'opera di organizzazione e di propaganda spiegata per la città e suburbio dal M.R. Don E. Mauri, la riconobbe opportuna ed efficacissima, deliberando a lui un voto unanime di plauso e d'incoraggiamento.

Che la sua zelante, indefessa e feconda attività per l'ideale democratico cristiano possa urtare i nervi di chi milita in campo avversario, non è cosa di meraviglia: ma questa Direzione sente bisogno e dovere di protestare, per l'amore del bene e della verità, contro certi sfoghi ingiuriosi di anticlericalismo, nel quale unicamente si fa consistere la democrazia!

Del resto l'amico D. Mauri sa bene che tali sfoghi di tali persone contro di noi equivalgono a elogi: quindi... coraggio e avanti.

Bobbio 21 Giugno 1911
Per la Direzione Diocesana *Can. V. Tassi, Presidente*
Can. D. Carlo Muzio V. Segretario[8]

[8] In «La Trebbia», 25 giugno 1911.

1916
PADRE

La brevità della permanenza di don Enrico a Bergamo lascia spazio a qualche interrogativo: era già in qualche modo previsto che, non appena monsignor Marelli si fosse assestato nella nuova sede, il segretario lo lasciasse, oppure si tratta di una decisione presa stando dentro la nuova situazione?

Si può comunque pensare che don Enrico abbia interpretato il periodo bobbiese come un tempo in sé compiuto. Nei mesi seguenti il distacco, mantiene contatti con alcune realtà della diocesi, che lo chiamano ancora a predicare o ne chiedono il consiglio, e per tutta la vita continuerà a pensare con riconoscenza al suo primo campo di apostolato (la lettura de «La Trebbia» sarà per lui un appuntamento fisso). Ma sente che quell'esperienza gli ha dato ciò che doveva: arrivato a Bobbio giovane, ne è ripartito adulto; ha misurato il rapporto tra la teoria e la pratica della pastorale; ha incontrato le anime e ne ha conosciuto le esigenze; ha sperimentato in lungo e in largo le sue capacità in campi diversi; ha assolto coscienziosamente il suo compito di segretario. Ma lui non è un prete di monsignor Marelli, e questo lo sanno entrambi: è prete diocesano di Milano, in missione temporanea. Si è allenato bene, ma la sua palestra naturale è la sua arcidiocesi, e ora è pronto per essa.

Probabilmente diversi fattori concorrono a rendere agevole il suo distacco da Bergamo; forse lo stesso Marelli, in una diocesi più grande e più strutturata, ritiene di non dover sacrificare le capacità di don Enrico nelle mansioni di segretario.

Sicuramente, comunque, nel rientrare a Milano all'inizio del 1916 don Enrico ha le idee chiare, ed è più che probabile che abbia concordato i suoi passi con il cardinal Ferrari; si inserisce come coadiutore nella chiesa di S. Gregorio, che diventerà presto parrocchia con dodicimila abitanti, affidata a un oblato dei Santi Ambrogio e Carlo, e anche questo non è un caso. La famiglia degli Oblati[1] è propria della diocesi di Milano, fondata da san Carlo Borromeo allo scopo di aiutare i preti diocesani a vivere in santità, facendo voto di obbedienza al proprio arcivescovo, cosa che implicava il non essere legati a una parrocchia e perciò il vivere in povertà, disposti a svolgere il proprio ministero là dove il vescovo vedeva un'urgenza pastorale; don Enrico la conosce bene perché il suo caro monsignor Villa era oblato. Nella coscienza sacerdotale di don Enrico manca ancora un passo, per sentirsi pienamente attrezzato per la missione: diventare anche lui oblato di S. Carlo.

Presenta praticamente subito la domanda per entrare nella congregazione, nel ramo degli Oblati Vicari, che hanno storicamente la caratteristica di andare a soccorrere le urgenze pastorali, con antenne particolarmente sen-

[1] In merito a padre Mauri oblato dei Santi Ambrogio e Carlo ho potuto avvalermi della relazione di monsignor Ennio Apeciti al Seminario di studio «La vicenda umana e spirituale di un Sacerdote Ambrosiano. Il Servo di Dio Padre Enrico Mauri», Milano, 25 ottobre 2003.

sibili al disagio e al bisogno della gente. È fuori età, troppo anziano per le regole vigenti, ma il cardinal Ferrari fa senza esitare uno strappo alla regola, segno evidente di una mossa già prevista; nel giro di un mese arriva la risposta positiva. Inizia il periodo di prova, che si concluderà con i voti perpetui due anni dopo, ma da subito Enrico sostituisce, nel pensarsi e nel presentarsi, al «don» la parola «padre», come l'essere oblato autorizza a fare.

Sono questi, molto probabilmente, i motivi profondi che lo hanno spinto tra gli Oblati dei Santi Ambrogio e Carlo: la ricerca di una pienezza di vita sacerdotale che da un lato gli dia garanzie per un cammino serio di santità personale, e dall'altro gli offra un «di più» nell'essere per la Chiesa, totalmente disponibile a seguire il disegno di Dio e le disposizioni dei superiori senza altri legami; la possibilità di essere per gli altri, accanto ai fratelli e alle sorelle nella vita cristiana, in quella particolare forma di vicinanza e di accompagnamento per cui negli anni bobbiesi ha intuito di essere tagliato: la paternità.

L'essere orfano ha dato alla sua anima sensibile e generosa degli insegnamenti profondi e incancellabili; gli ha mostrato che ciò che alla maggior parte delle persone sembra scontato in realtà non lo è affatto: avere intorno qualcuno che ti ami, che ti ascolti, che ti consoli, che accolga in maniera autentica e profonda ciò che sei e ciò che il tuo cuore sta vivendo, che ti sia da guida verso la libertà e la pienezza dell'essere uomo è un dono inestimabile. Aver ricevuto gratuitamente tutto questo da chi non era legato a lui dalla carne ma da un amore ancora più grande ha aperto il cuore di Enrico alla capacità di restituirlo, attingendolo e nutrendolo dalla fonte dell'amore che è Dio.

Padre Enrico ha guardato il mondo, lo ha scrutato con attenzione, guidato dalla sua pronta intelligenza, dalla curiosità e dall'entusiasmo, e ha visto campi immensi in cui agire per il Regno di Dio; ma ha anche imparato che non c'è strada che conduca al Regno che non passi per le persone, e che ognuno è insostituibile per la costruzione del Regno. Che esiste un compito prezioso, nella Chiesa, quello di accompagnare ciascuno affinché sappia rispondere alla chiamata di Dio verso la pienezza della vita e della libertà. Che molti cristiani sono orfani, in questo cammino, in attesa di un genitore che li sappia amare e affiancare per lanciarli fra le braccia del Padre a vivere la vita vera, che trasforma il mondo e le cose e fa risplendere in esse la gloria dell'amore.

Persone vere, persone sante, nel mondo e per il mondo, perché l'amore regni e il creato sia restituito al suo Creatore: questo è il sogno di don Enrico, che inizia a prendere forma e per il quale desidera essere padre.

Si costruisce un osservatorio personale: passa molte ore in chiesa, davanti al tabernacolo, sempre disponibile per chi passa a cercare un colloquio o la confessione.

Comprende così che la vera emergenza spirituale del momento riguarda il mondo femminile. In primo luogo le giovani, per le quali manca una proposta di vita cristiana e di apostolato che sia adatta alla loro età, capace di indirizzare le anime verso il bene e di convogliare le loro grandi energie in un'azione cattolica efficace.

Padre Mauri si rende conto che nell'organizzazione dell'Azione Cattolica, mentre nel campo maschile i giovani hanno una struttura propria, separata da quella degli adulti, che esprime grande vivacità e capacità di coinvolgimento, in quello femminile le ragazze non hanno altri riferimenti che le Donne Cattoliche, in maniera tale da restarne a rimorchio, mortificando la loro originalità e le loro specifiche esigenze spirituali. Nasce perciò in lui l'idea di un'organizzazione di Azione Cattolica giovanile femminile, con una vita propria e un proprio programma di formazione e di azione. Nell'inverno 1916-17 dà perciò vita, collegato a S. Gregorio, a un primo gruppo di ragazze che si incontra con regolarità, in particolare per un'ora settimanale di adorazione eucaristica. L'idea fondamentale, infatti, è quella di rovesciare l'impostazione in voga, che privilegia l'azione dando per scontata una generica vita cristiana, e di mettere invece l'accento sulla priorità della dimensione spirituale, perché solo così le persone possono dare un'impronta cristiana all'intera propria esistenza e divenire capaci di vero apostolato, che scuota le anime e non solo i pensieri. Accanto a ciò, c'è la convinzione che le giovani donne hanno tutte le capacità per essere pienamente protagoniste del movimento e per dirigerlo; di ciò si ha un riscontro anche nel metodo: padre Mauri vuole che gli incontri vengano guidati da una delle ragazze, e fa sempre in modo che esse prendano la parola, anche pubblicamente.

Il 31 dicembre 1916 scrive a Giulia Colombo, una professoressa che ha nei primi tempi un ruolo direttivo di questo gruppo, una lettera tramite la quale essere presente alla prima riunione, in cui chiarisce gli scopi della nuova realtà:

> Il proposito è questo: formare cioè un manipolo di anime generose come la loro giovinezza al bisogno, al dovere, alle gioie ed alla pratica dell'Apostolato Cattolico prevalentemente sociale, attraverso una vita di più intensa pietà Eucaristica, di studio serio e sistematico di quei problemi religiosi e sociali la conoscenza dei quali è indispensabile per essere apostole coscienti ed efficaci.

La notizia dell'esperimento raggiunge sia don Giovanni Rossi, segretario dell'arcivescovo e Assistente della ınime che frequentavano la Chiesa, ne individuò un nipolo particolarmente aperto ad aiutare l'apostolato ·erdotale, importandovi però una vita interiore eletta ale la «Anima dell'apostolato» dello Schutard, allora ›lto apprezzato, affermava indispensabile per essere ostole. [...]

Con questo manipolo si è discusso della opportunità suscitare anche fra la Giov. Femminile cattolica un Momento autonomo e parallelo a quello della Gioventù ·aschile che, in quel momento, a Milano, per opera di ·ons. Olgiati e di D. Giovanni Rossi e di Panighi, afferava una spiritualità ed un ardore apostolico che poi ıssò a tutta la Gioventù maschile nazionale.

Intanto che le discussioni procedevano, si incominciò radunarci per stilizzare alcune linee regolamentari ed ına circolare periodica che alimentasse la vita interiore ·elle aderenti le quali mensilmente erano radunate nella ·appella delle Suore Assunzioniste in via Settala, per ın'Ora di Adorazione che imprimesse in loro le caratteri·tiche spirituali ed apostoliche che avrebbero dovuto aninare un primo circolo della G.F. di A.C. [...]

Frattanto il manipolo si allargava di numero e si accendeva di entusiasmo ed era perseverante nell'incrementare la propria vita spirituale per poter in un certo senso rovesciare l'impostazione apostolica allora vivente che non faceva scaturire dalla maggiore ricchezza della vita interiore, l'attività apostolica, ma questa concepiva come un'attività che si aggiungeva, né più né meno, ad una vita cristiana, fatta a misura comune; il che voleva dire dare il primato non all'azione, ma alla interiorità della vita e gettare le basi di una concezione eminentemente soprannaturale dell'apostolato dei laici, peraltro già a fuoco nella gioventù maschile milanese, come già accennato.

Gioventù di AC maschile, sia l'Unione Donne, che incarica la fresca vicepresidente Armida Barelli di interessarsi direttamente, allo scopo di coordinare le forze per rispondere insieme a un bisogno evidentemente reale e sentito da più parti. Le idee per la formazione di una realtà giovanile femminile sono, infatti, molte e diverse; padre Mauri ha però dalla sua una cosa che gli altri non hanno: un'esperienza concreta e funzionante, con delle caratteristiche già precise nel progetto formativo e nel metodo. Verso la fine del 1917 la Barelli rivolge al gruppo di S. Gregorio l'invito ad agire insieme, avendone subito risposta positiva, anzi entusiasta per il progetto di allargare a tutta la diocesi l'esperienza avviata:

> Da quel momento il nucleo formatosi a San Gregorio si pose in attesa della fondazione ufficiale diocesana per farvi parte, come fu, quale primo Circolo di Gioventù femminile di A.C. e dare suoi elementi, quale Rosetta Giani, al lavoro di propaganda ed organizzazione diocesana del nuovo Movimento[2].

Nel 1918 la cosa è fatta: su mandato del cardinal Ferrari, Armida Barelli, padre Mauri, don Rossi insieme a due altri personaggi che lasceranno forte impronta nel mondo cattolico italiano, don Francesco Olgiati e padre Agostino Gemelli, si dedicano a diffondere nella diocesi milanese la nuova realtà della Gioventù Femminile di Azione Cattolica (nota come GF). A padre Mauri viene affidato il primo periodico, «Le nostre battaglie». Nello stesso anno la Barelli, accolta in udienza da papa Benedetto XV, riceve da lui un forte incoraggiamento e l'incarico di promuovere la Gioventù Femminile a livello nazionale. Ottiene perciò dal cardinal Ferrari che padre Mauri venga

[2] Lettera a Liliana Collovini, 11 aprile 1959.

nominato Assistente nazionale della GF e si impegni con lei nel difficile ma entusiasmante compito di diffondere l'ideale e l'esperienza della nuova realtà formativa e apostolica per tutta la Chiesa italiana.

Il contributo che padre Mauri porta alla GF in questo periodo decisivo per la sua impostazione è certamente all'insegna dell'entusiasmo e della capacità di coinvolgere nell'idea, ma si caratterizza soprattutto dal punto di vista spirituale. Ne è una chiara indicazione il fatto che le settimane formative per responsabili diocesani seguenti il primo convegno nazionale (le socie sono già più di 47.000), nell'ottobre 1919, vedono coinvolti nella direzione la Barelli, monsignor Olgiati, padre Gemelli e altri, mentre a padre Enrico viene affidata la guida della parte spirituale[3].

Sul primo numero della rivista gieffina «Squilli di risurrezione», il 1° gennaio 1921, è suo l'articolo dal significativo titolo: *Il magnifico programma: confessori, soldati, apostoli, martiri.*

Un anno e mezzo più tardi, nella sua prima lettera pubblicata sulla stessa rivista, il suo successore nell'incarico di Assistente nazionale, monsignor Alfredo Cavagna, scriverà queste righe illuminanti:

> A padre Mauri quanto deve la GF! A lui si deve l'impostazione soprannaturale della GF che ha ottenuto frutti sorprendenti! Egli ha diffuso in mezzo all'apatia e alle contraddizioni il programma massimo: «Eucaristia, apostolato, eroismo». Quante dirigenti e socie della GF gli devono un nuovo orientamento della vita![4].

[3] Cfr. A. BARELLI, *La sorella maggiore racconta. Storia della GF dal 1918 al 1948*, Edizioni O.R., Milano 1981, p. 32.

[4] In «Squilli di risurrezione», 15 luglio 1922, cit. in A. BARELLI, *La sorella maggiore racconta*, cit., p. 62.

In queste parole si vede non tanto il t
in qualche modo «dovuto» da parte del nı
Assistente, quanto un riconoscimento sin
che modo ammirato per ciò che padre Ma
to. E il prosieguo del testo ci offre anche u
luminante sul modo con cui padre Enric
suo uditorio, nel girare l'Italia a suscitare r
ragazze il desiderio di volgersi definitivam
re:

> Spesse volte malaticcio, febbricitante, continu
> nacia mirabile, con ardore instancabile, con
> sempre giovanile, a portare ovunque la sua
> fuoco. Quante volte nei convegni, dopo aver
> to di amore divino i vostri cuori, vi faceva balz
> di, e, con un gesto indimenticabile, vi faceva g
> Cristo, o morte»[5].

Pare proprio che «fuoco» e «fiamme» sian
guenze del suo modo di comunicare; al passa
Enrico, qualcosa nel cuore si accende: deside
voglia di donarsi a Lui, di investire la propria
in un'azione santa e santificante.

Eravamo in piena guerra, ma S. Gregorio era se
follato di fedeli e fra questi emergevano delle an
ticolarmente aperte all'ascesi per l'apostolato a
quello sacerdotale.

Il ministero sacerdotale, allora iniziato, assorbi
vello sacerdote che, attraverso i contatti con il mor

[5] *Ibidem*.

Una tale novità non poteva che essere affidata a giovani reclute che per la stessa loro età, sarebbero state più aperte e più di slancio[6].

Ricordo padre Mauri nella primavera del 1916, giovane sacerdote coadiutore a S. Gregorio. Sostava lunghe ore in adorazione del SS. Sacramento, sempre disponibile accanto al confessionale. Le adolescenti che frequentavano la chiesa erano colpite dalla figura ascetica di quel sacerdote in cui appariva evidente lo Spirito di Dio e ben presto padre Mauri divenne per loro guida spirituale illuminata e paterna.

Ma quanto rispetto per l'azione dello Spirito Santo in ciascuna e quale attenta vigilanza nel cogliere i segni della particolare vocazione personale!

Saggio e prudente, egli era al tempo stesso ardito precorritore delle vie nuove della consacrazione a Dio nel mondo. Spaziava in orizzonti ampi ed aperti ed educava le anime ad aprirsi ai problemi del tempo e ai bisogni della Chiesa universale. Non pose mai limiti o remore agli impulsi interiori, ma sorreggendo e guidando le generose donazioni, diede chiarezza, pace e gioia alle anime giovanili, infondendo entusiasmo per gli ideali più santi.

Rosetta Giani[7]

[6] Lettera a Liliana Collovini, 11 aprile 1959.

[7] R.G. [R. Giani], *L'attività del Centro di apostolato ascetico lungamente preparata nel mistero provvidenziale del piano divino*, in «La Voce della Madonnina», 10 (1967).

1917
PROMOTORE

La realtà femminile bussa anche in un altro modo al cuore del coadiutore di S. Gregorio. La guerra sta macinando nella sua «inutile strage», come l'ha chiamata Benedetto XV, centinaia di migliaia di uomini; dietro a ognuno di essi c'è una madre, una sorella, una sposa, che trepida per il suo ritorno e che è ferita atrocemente e per sempre quando viene a sapere che egli non tornerà più. La chiesa di S. Gregorio, vicina alla stazione centrale, accoglie nelle sue navate tante e tante donne angosciate e piangenti.

Padre Mauri incontra questa umanità dolente e ne percepisce non solo lo strazio, ma anche l'immenso potenziale di dono per Cristo e per l'umanità che è racchiuso in tanto dolore.

La cripta di S. Gregorio ospita le spoglie raccolte nel lazzaretto della città, memoria di un altro strazio, lontano nel tempo; forse questo fa nascere in padre Enrico l'idea di fare della sua chiesa ancora di più un punto di riferimento per coloro che stanno vivendo la sofferenza del distacco umano dagli affetti più cari, e hanno bisogno di farlo nella fede e nella preghiera. Riunisce un primo gruppo di vedove e di madri di caduti, che sempre più si ingrandisce e lo conferma nella bontà della sua intuizione.

L'idea che lo guida è che l'amore, così profondamente ferito, può diventare un dono; il dolore, fecondato dalla croce di Cristo, può divenire una grande forza di costruzione, o di ricostruzione, della società e della cultura. L'esercito delle madri e delle vedove, specchio dolente dell'esercito degli scomparsi, è una risorsa inestimabile per l'Italia, di amore e di forza pura.

Questa consapevolezza riecheggia nel cuore di padre Enrico la sua stessa esperienza: la sua ferita, che umanamente non sarà mai rimarginata, dell'essere orfano ha ricevuto abbondantemente il balsamo dell'amore di Dio in cento altre forme, e ne ha fatto un uomo capace di amare e di consolare, mai chiuso sulla propria sofferenza e anzi casa accogliente, in cui il prossimo possa abitare con le sue speranze e le sue desolazioni.

Padre Enrico pensa a quando la guerra sarà finita e alle macerie spirituali che è destinata a lasciare, ancora più gravi di quelle materiali; pensa che le donne ferite dalla guerra potranno dare un contributo fondamentale alla ricostruzione spirituale del Paese, per fare un'Italia più cristiana.

Affiancato da alcune donne di grande animo e capacità, tra cui Luisa Pirotta vedova Gerosa, nel novembre 1917 dà vita all'Associazione Nazionale Madri e Vedove dei Caduti. Essa cresce enormemente e rapidissimamente, raccogliendo in poco tempo decine di migliaia di donne (diventeranno 300.000).

Il 27 settembre 1918 (il giorno prima dell'udienza della Barelli di cui abbiamo già parlato) padre Mauri è ricevuto da papa Benedetto XV, che benedice la preghiera-offerta delle Madri e Vedove[1]. Riceve un caldo incoraggiamento a continuare, tanto da uscire «con le ali al cuore»[2].

[1] La preghiera è iscritta sulla lapide riprodotta nella sezione iconografica di questo volume.

[2] In «La Voce della Madonnina», 12 (1928).

Così, appena dopo la fine della guerra, e subito dopo aver emesso il voto di permanenza nella Congregazione degli Oblati di S. Carlo, si mette in viaggio per l'Italia, allo scopo di diffondere l'Associazione Madri e Vedove dei Caduti e, insieme ad essa, la GF.

Ma in dicembre cade anche lui vittima della violenta epidemia d'influenza «spagnola», destinata a fare in Europa e nel mondo centinaia di migliaia di vittime, secondo alcuni studiosi persino più del conflitto appena concluso. La malattia è tanto forte da far temere per la sopravvivenza del trentacinquenne sacerdote. Il cardinal Ferrari allora compie un gesto che dimostra un affetto particolare per padre Enrico, recandosi personalmente a S. Gregorio a trovarlo e dargli una speciale benedizione. Da quel momento padre Enrico comincia a migliorare, tanto da poter riprendere abbastanza presto le attività.

Nell'aprile dell'anno seguente, l'Associazione Madri e Vedove tiene il suo primo congresso nazionale a Roma, in Campidoglio, dopo il quale le partecipanti accompagnano padre Mauri all'udienza concessa da Benedetto XV. Il Papa, che tanto si è battuto contro la guerra, benedice coloro che ne portano il lutto più grave e le sprona a mettersi al servizio della patria e del Signore.

In questi anni i cattolici più consapevoli e sensibili sentono il peso crescente del fatto che il compiersi della nazione italiana, culla storica del cristianesimo, sia avvenuto con l'aggressione allo Stato Pontificio, con la conseguente linea di estraneità portata avanti dalla Santa Sede, tanto da proibire la partecipazione dei cristiani alla vita politica del nuovo Stato. Mentre questa linea sta modificandosi, con il diffondersi delle eccezioni al *non expedit* e della presenza di cattolici nelle competizioni elettorali, la guerra è stata percepita anche come un'occasione in cui rendere evidente l'attaccamento alla patria dei cattolici (e in questo anche la presenza in trincea dei cappellani militari ha costituito una testimonianza importante).

La forza delle organizzazioni socialiste, specialmente negli anni 1918-1920, si esprime anche in dimostrazioni anticlericali e azioni talvolta violente nei confronti di persone e organizzazioni cattoliche, e l'anticlericalismo segna alle origini anche il movimento fascista, come racconta Armida Barelli rievocando i primi tempi della GF[3].

Sull'onda lunga della *Rerum novarum* il laicato cattolico, organizzato prima nell'Opera dei Congressi e ora nelle varie forme dell'Azione Cattolica, sta promuovendo azioni sociali tali da incidere in modo significativo nelle condizioni di vita della popolazione. I cattolici sentono la responsabilità di riannodare la vita del Paese con la fede, legame che appare intiepidito e messo in pericolo.

Il sentimento diffuso infatti è quello di vivere in un mondo che si sta sempre di più allontanando da Dio, dimenticato e lasciato in un canto quando non insultato e deriso. In questa situazione si fa strada una particolare impostazione spirituale, che si concretizza in una devozione al Sacro Cuore di Gesù. Legata all'esperienza mistica della santa francese Maria Margherita Alacoque, che nella città di Paray-le-Monial ebbe nel Seicento colloqui con il Signore e ricevette da Lui le istruzioni per venerare il suo Sacro Cuore, in questo momento storico la devozione al Sacro Cuore viene sentita come la strada per restituire il mondo al suo vero Re, così da ritrovare la via del progresso umano, della pace, della giustizia.

Dal punto di vista spirituale la devozione al Sacro Cuore permette anche di vivere una dimensione più per-

[3] Cfr. A. BARELLI, *La sorella maggiore racconta*, cit., pp. 52-60.

sonale del mistero di Cristo, superando la visione di una fede più speculativa trasmessa dalla teologia tomista, e di comunicare alle anime sensibili, anche sul piano dei sentimenti accanto a quello della ragione, la presenza viva del Signore nella storia e nella vita quotidiana.

In questa grande corrente si ritrovano i più significativi personaggi del mondo cattolico dell'epoca; la stessa Armida Barelli aveva aiutato padre Gemelli durante la guerra ad ottenere la solenne consacrazione al Sacro Cuore dell'esercito italiano, e l'impostazione della GF avviene tutta all'insegna del Sacro Cuore, così come la neonata Università Cattolica assume il nome «del Sacro Cuore di Gesù» proprio per la cocciuta volontà ancora della Barelli, coadiuvata da Gemelli. Padre Mauri stesso scriverà di aver assorbito la devozione al Sacro Cuore per grande parte da Armida, negli anni in cui i due, praticamente coetanei (lei era nata nel dicembre 1882), si sono frequentati di più lavorando insieme alla fondazione della GF[4]. Egli però ne vive un aspetto particolare, rivolgendosi spesso al Sacro Cuore eucaristico: è l'Eucaristia il grande centro della sua vita spirituale:

> Nell'istituire l'Eucaristia, il Sacro Cuore che cerca? Esso cerca il regno di Dio Padre nel cuore degli uomini. Finalità di questo amore, che simboleggiamo nel Cuore Eucaristico: la terra che deve diventare il Cielo, il Cielo che deve congiungersi alla terra; l'unione sacramentale per darci la più intima unione di grazia[5].

Lo spirito con cui padre Mauri mette in piedi l'Associazione Madri e Vedove rispecchia in maniera esemplare l'anelito di riconciliazione tra il sentire della nazione

[4] Cfr. Circolare alle Oblate di Cristo Re, giugno 1953.
[5] Cfr. Circolare alle Oblate di Cristo Re, giugno 1947.

e il fondamento spirituale cristiano: accogliere il dolore di queste persone, aiutandole a rivolgersi all'Autore della vita per scoprire la fecondità dell'amore anche quando è ferito, ha la conseguenza di volgere questa fecondità verso il bene delle famiglie e della patria.

L'azione svolta dall'Associazione è ad ampio raggio; accanto alla grande parte di assistenza spirituale, viene posta attenzione a versanti assai concreti dell'esperienza delle famiglie, cercando di andare incontro alle necessità economiche delle donne rimaste a capo della famiglia in moltissimi casi senza lavoro, e occupandosi di problemi come il rimpatrio delle salme dei caduti o la necessità di una giusta legislazione pensionistica, per la quale l'Associazione non mancherà di presentare al Ministero competente una proposta.

Ma l'intenzione profonda resta fondamentalmente religiosa. Padre Mauri ha avuto l'intuizione di un ruolo speciale della vedovanza cristiana nella vita della Chiesa, da interpretare e da vivere come vocazione, e non come sfortunata condizione di vita. E, come ogni vocazione, essa è carica di conseguenze positive per la vita personale e comunitaria, e di potenzialità da spendere per la comunione e la missione della Chiesa.

Si è subito reso conto che questa visione ha la forza di trasformare la vita delle vedove, facendo loro superare lo stadio del puro dolore per scoprire un senso altissimo della propria condizione, il valore inestimabile che il Signore dà alla loro esistenza, nonché la possibilità di continuare in una visione di fede la propria vita nuziale.

La possibilità di proporre una consacrazione della vita al Signore, presente da sempre nel progetto sacerdotale di padre Enrico, comincia a prendere in questo periodo un volto più preciso, affiancando alla consacrazione delle vergini quella delle vedove. È l'embrione di una linea che si svilupperà pienamente più avanti, man mano che padre Mauri leggerà negli eventi gli indirizzi da prendere.

Nel suo essere padre spirituale è sempre presente l'attenzione a proporre alle persone l'approfondimento progressivo del legame con Cristo e, non appena si creano le condizioni, anche la possibilità di consacrarsi a Lui, stando nel mondo e dedicando le proprie forze alla costruzione del Regno di Dio.

Un esempio luminoso di questo percorso di accompagnamento spirituale è rappresentato dalla vicenda di Delia Agostini, una ragazza affascinata giovanissima dagli ideali della Gioventù Femminile, tanto da partecipare quattordicenne alle attività della neonata organizzazione, che richiedeva i diciotto anni di età, dando così origine all'idea delle «aspiranti». Delia sarà accompagnata da padre Mauri nel suo cammino spirituale, lo seguirà dando un grande apporto all'Associazione Madri e Vedove e poi, debilitata da una grave malattia, giungerà a consacrarsi per un apostolato nel mondo, per quindi morire a soli ventitré anni offrendo la sua sofferenza per l'avvento del Regno di Dio e per quanto le stava più a cuore: università, Gioventù e Madonnina del Grappa.

Proprio l'idea di una consacrazione stando nel mondo, detta perciò «secolare» (dal latino *seculum*, secolo), rappresenta una novità nel panorama ecclesiale dell'epoca; attorno ad essa vanno ragionando alcuni teologi e padri spirituali, e prendono l'avvio le prime esperienze. Nel novembre 1919, una dozzina di giovani donne, fra cui Armida Barelli, assistite da padre Mauri, padre Gemelli e un altro prete, padre Mazzotti, nel coretto della chiesa di S. Damiano in Assisi danno inizio a una nuova forma di vita consacrata secolare che porta il nome di Pia Unione del Regno Sociale di Gesù Cristo Re.

Pregiatissima e cara Presidente,

libero finalmente dalle responsabilità esecutive-amministrative che per oltre un anno dovetti, mio malgrado, trascinarmi a norma dei deliberati del Consiglio Centrale e dei provvedimenti della Giunta e fiancheggiato dalla illuminata e confortevole fiducia degli organi direttivi centrali, per «correr miglior acque alza le vele ormai la navicella dell'ingegno mio» e cioè posso finalmente riprendere con rinnovata lena ed entusiasmo il mio lavoro di formazione, propaganda, organizzazione ed attività sociale-nazionale-benefica, prefissomi in creare ed animare l'Associazione nostra che mi è cara quanto una figliola al padre suo.

Ogni gestione e responsabilità pratica-amministrativa dell'Associazione in ogni suo ramo (amministrazione generale, lotteria, vendita medaglie unità ecc.) verrà quindinnanzi, in seguito a mie ripetute insistenze e conseguenti delibere e provvedimenti del Consiglio Centrale e Giunta Esecutiva, affidata ad una Commissione Amministrativa [...].

Così potrò col prossimo gennaio ripigliare le mie visite alle Sezioni per recarvi o alimentarvi la fiamma religiosa, morale, sociale, nazionale e benefica che anima la nostra grande Famiglia e ragguagliare le sorelle tutte di fede, di dolore e di lavoro delle attività, propositi e speranze che formano il dolce tormento di quanti con me dedicano le loro modeste forze al conforto, elevazione e aiuto dei dolori e dei bisogni che la guerra ha lasciati[6].

[6] Lettera circolare alle sezioni dell'Associazione Nazionale Madri e Vedove dei Caduti, 24 dicembre 1922.

Nei molti anni in cui ebbi relazioni dirette con P. Mauri e nella frequente corrispondenza epistolare, tenuta con lui, l'impressione più forte che mi rimane è questa: per doti naturali non comuni e per speciali carismi di Dio, egli è stato un uomo d'eccezione, è stato un apostolo santamente irrequieto, mosso dalla carità di Cristo, sempre teso a testimoniare a Cristo la sua fedeltà e la sua generosità. [...] Spirito eminentemente sacerdotale, manifestava la pienezza della sua grande anima e del suo entusiasmo tutte le volte che parlava o scriveva ai sacerdoti: c'era nella sua voce un accento di convinzione e una passione d'amore per il sacerdozio per cui si rimaneva tutti salutarmente colpiti e si guardava a lui con ammirazione, nella certezza di avere in P. Mauri un sacerdote ideale, un condottiero sicuro ed ardito. [...]

Aveva ben presente la consapevolezza della sua dignità sacerdotale, sentiva vivamente, nella sua delicata coscienza, la responsabilità della sua missione di sacerdote e di Sacerdote Oblato di S. Carlo, si accendeva l'anima di entusiasmo, quando si trattava di questi temi e una gioia profonda inondava il suo animo, mentre egli dichiarava di essere felice per la sua condizione di sacerdote. Si direbbe ch'egli godeva intimamente il suo santo sacerdozio. Si spiega così la sua perenne giovinezza d'animo, il suo buon umore, la serenità di spirito che lo accompagnò in tutte le circostanze, anche le più tremende, della sua lunga vita, fino agli ultimi giorni.

Avvicinando, in circostanze le più varie, P. Mauri, mai si trovò in lui l'uomo sfiduciato, triste, depresso, esasperato, borbottone e deciso a tornare indietro. «Senza scosse telluriche, non si muovono le anime. Benedetto chi ne ha la forza ed il coraggio» (lett. 10-10-1965). Senza accorgersi si faceva l'autopresentazione!

[...] Coraggio ed intraprendenza erano le sue virtù caratteristiche, accompagnate sempre da santa letizia. Qualcuno dei suoi più intimi amici lo aveva battezzato: Padre Letizia!

Ritengo che la sorgente di tanta freschezza spirituale e perenne giovinezza si debba trovare nel rapporto di intimità personale con Cristo sacerdote e nella fiducia immensa che padre Mauri aveva nelle grazie del suo sacerdozio. Era questo il segreto di quel santo gaudio che trionfava nel suo cuore e ch'egli irradiava continuamente attorno a sé, anche quando l'infermità l'aveva costretto a ritirarsi, e per più anni, nella sua povera cameretta.

Monsignor Luigi Piovesana[7]

[7] L. Piovesana, *P. Enrico Mauri gloria ed esempio del clero italiano*, in «Palestra del Clero», 23 (1° dicembre 1967).

1921
MISSIONARIO

Mentre padre Enrico si è lanciato con passione nella doppia impresa della diffusione della GF e dell'Associazione Madri e Vedove, don Angelo Roncalli ha iniziato, suo malgrado, a fare carriera, ed è diventato presidente dell'Opera Propaganda Fide, all'interno della Sacra Congregazione che porta lo stesso nome. Non ha perso di vista l'antico collega, poiché è stato anche a Milano nel 1918 a tenere un incontro formativo per la nascente GF. Ora, nelle realtà che si occupano di missione, spira un vento nuovo da quando papa Benedetto XV ha pubblicato, nel 1919, l'enciclica *Maximum illud*, proprio allo scopo di incrementare l'attività missionaria della Chiesa. Una conseguenza è stata l'istituzione dentro Propaganda Fide di una nuova Opera Pontificia di S. Pietro Apostolo per il Clero Indigeno, dedicata ad appoggiare la formazione di sacerdoti nativi nelle terre di missione, per superare la situazione di un clero esclusivamente venuto dall'Europa e dare impulso allo sviluppo di Chiese in tutto e per tutto locali.

Un'Opera che va impostata interamente dal nuovo, e che ha bisogno per essere diretta di una persona capace di spendersi con dedizione, concretezza e inventiva. A Roncalli viene proprio in mente padre Mauri, e ne caldeggia la candidatura presso il cardinale prefetto della Congregazione, Willem Van Rossum. Così, nell'agosto 1921, Enrico riceve la nomina ufficiale a Direttore nazionale.

Inizia così il periodo più vorticoso della vita di padre Mauri, che si spende generosissimamente in un'attività apostolica che ha per teatro l'Italia intera e, almeno come obiettivo, tutto il mondo. Tre sono i fronti della sua attività: GF, Associazione Madri e Vedove e Opera per il Clero Indigeno, anche se quest'ultima nei primi mesi ingrana lentamente.

Enrico viaggia per l'Italia a propagandare l'Associazione Madri e Vedove, in cui avendo funzioni direttive è maggiormente coinvolta la sua responsabilità anche economica e giuridica, e nel frattempo propaganda anche la Gioventù Femminile: i legami tra le due realtà sono assai stretti, come dimostra il fatto che la GF si prende l'incarico di vendere una buona fetta dei biglietti della lotteria dell'Associazione.

Ma proprio la grande mole delle imprese in atto impone presto i primi distacchi. I continui viaggi e gli impegni a dimensione extra diocesana hanno ridotto al lumicino le attività di padre Enrico a S. Gregorio, tanto che un giorno, ritornando a casa, trova le sue cose radunate sul pianerottolo: il messaggio che il parroco, padre Alessandro Marchesi, gli vuole trasmettere è chiaro. D'altra parte padre Enrico ha compreso che la sua inclinazione a concepire progetti di ampio respiro fa parte della chiamata di Dio, e non può farne a meno se non tradendo la sua vocazione.

È Armida Barelli a rendersi conto che la vertiginosa crescita della GF che sta avvenendo non può più ritardare la presenza di un assistente ecclesiastico dedito a tempo pieno all'associazione. Lei vuole padre Mauri, prende il coraggio a due mani e gli fa un discorso serio: lasci l'Associazione Madri e Vedove nelle mani di un prete sensibile al problema come padre Semeria, o a un cappellano militare, e riservi le sue energie alla sola GF. Padre Enrico ascolta, medita, ci prega su quindi dà la sua risposta. Ci sono molti buoni sacerdoti che possono fare bene nella GF, mentre ritiene che l'Associazione Madri e Vedove abbia proprio bisogno di lui; continuerà a fare tutto ciò che potrà per la Gioventù Femminile, ma senza più esserne Assistente. Il suo posto, così, viene preso nel giugno 1922 da monsignor Cavagna, che sarà Assistente nazionale per molti anni, e con il quale padre Mauri manterrà sempre un contatto costante e una vera amicizia.

Effettivamente l'amore di padre Mauri per l'Azione Cattolica non verrà mai meno; continuerà a considerarla una realtà formativa di eccezionale importanza, e ad appoggiarla in ogni modo. Lavorarci dentro gli ha dato delle conferme decisive per le sue intuizioni in campo spirituale, lo ha aiutato a concepire per sé orizzonti d'impegno vasti come il mondo, e a prendersi carico delle persone di qualsiasi latitudine; non per nulla scriverà: «Tutto io devo, e non solo spiritualmente, all'Azione Cattolica»[1]. E le persone che aiuterà a crescere nella fede e nella donazione di sé nell'apostolato saranno in gran parte impegnate in AC, a livello locale come nazionale.

Il distacco è certamente «non senza un grande dolore»[2], ma si tratta, in questo caso, di un distacco dal punto di vista delle funzioni: per quanto riguarda il rapporto con l'organizzazione, il legame e l'investimento di ener-

[1] «La Voce della Madonnina», giugno 1933.
[2] Cfr. A. BARELLI, *La sorella maggiore racconta*, cit., p. 64.

gie spirituali per la sua crescita rimangono nel cuore di padre Enrico invariati, così come coloro al fianco dei quali ha lavorato non lo dimenticheranno. Basti, come esempio, il fatto che nell'agosto dell'anno seguente, quando le organizzazioni cattoliche femminili fanno un pellegrinaggio a Paray-le-Monial, l'ora di adorazione nella cappella dell'apparizione viene affidata proprio a padre Mauri[3]. Per molti anni ancora, continuando a viaggiare per l'Italia, padre Enrico considererà di star svolgendo attività all'interno dell'organizzazione cattolica femminile italiana, come una specie di assistente esterno.

La sua attività per l'Associazione Madri e Vedove ha a questo punto, se possibile, un ulteriore incremento.

Nel frattempo, padre Enrico, per conto dell'Associazione, ha fatto un passo destinato a pesare in modo determinante nella sua vita. Poiché da tempo si pensava a una casa di riposo, un luogo per ospitare vedove e orfani consentendo loro un soggiorno ritemprante, nel luglio 1921, ricevuta una segnalazione da un amico prete, padre Mauri va a fare un sopralluogo a Sestri Levante, per vedere una villa signorile in vendita. Il luogo gli piace moltissimo, sembra proprio adatto per quello che lui ha in mente:

> Sceso alla vecchia stazione, [...] per viottoli e sentieri in mezzo ai campi, mi diressi alla Villa. Solitaria, silenziosa, biancheggiante nel verde di alberi secolari, avvolta nel profumo di un ricco aranceto[4].

La somma richiesta è ragionevole, ma l'Associazione ne dispone solo di circa la metà. Viene trovato perciò un benefattore, che si impegna a versare il rimanente. Sul

[3] Cfr. *ibidem*, p. 42.

[4] In «La Voce della Madonnina», 7 (1941).

più bello, quando si deve firmare l'acquisto, quello si tira indietro e padre Enrico, per non rinunciare a ciò che ha così chiaramente in testa, si impegna personalmente con le banche, garantendo per soldi che proprio non ha. Ma ha fiducia nella Provvidenza: se una cosa è fatta per il Regno, certamente il Signore non farà mancare il suo aiuto.

Padre Mauri compra così Villa Glauer-Massone, pensando di acquistare una casa di riposo: non può sapere di stare acquistando, in realtà, quella che sarà la sua casa per il resto della vita e il teatro della sua opera più bella.

Subito cominciano i lavori per rendere la villa adatta ad ospitare, e già nella primavera 1922 arriva il primo gruppo di vedove e orfani. Alle attività della casa viene dato un nome: Opera Madonnina del Grappa. Sul Monte Grappa stava, dal 1901, una statua della Madonna inaugurata dall'allora patriarca di Venezia Giuseppe Sarto, che pochi anni dopo sarebbe divenuto papa Pio X e in seguito proclamato santo. La statua, durante la guerra, era stata colpita da una scheggia di granata, che le aveva portato via una parte del fianco; nella mente di padre Enrico, attentissimo ai simboli, è divenuta l'immagine folgorante del dolore di tutte le donne ferite dalla guerra. Così ora la Madonna ferita sul Grappa accoglierà e abbraccerà le donne e i fanciulli giunti alla casa di Sestri.

Lo scopo dell'Opera è assistere moralmente e materialmente le vedove. Ma un intento ulteriore si è assommato all'opera di assistenza. L'ispirazione a guidare le vocazioni femminili alla consacrazione ha ricevuto in padre Mauri una spinta decisiva. Accolto in udienza pochi giorni dopo l'elezione dal nuovo papa Pio XI (il cardinale Achille Ratti, che è stato arcivescovo di Milano nei pochi ma decisivi anni in cui si sono sviluppate GF e Associazione Madri e Vedove, e che perciò ben lo conosce), ne è stato fortemente incoraggiato a «raccogliere vittime della guerra per farne pie anime votate a Cristo e alla sua Chiesa». Il Papa, compresa l'idea di padre Mauri di unire stati di vita diversi – vergini, spose e vedove – in un'unica realtà di consacrazione, gli ha suggerito anche la santa patrona per un tale sodalizio: si tratta di santa Francesca Romana, che nel Quattrocento ha vissuto con analoga perfezione cristiana prima da vergine, poi da sposa e madre, quindi da vedova.

Per padre Enrico, sempre attentissimo alla voce dei pastori, in cui legge con totale fiducia indicazioni che vengono dall'alto, è stato come vedersi tracciata la strada. Poco più di un anno dopo, un primo gruppo di vedove inizierà alla Madonnina un'esperienza di comunità chiamandosi Figlie di S. Francesca Romana.

Com'è noto, l'autunno 1922 vede precipitare la situazione sociale e politica; la marcia su Roma dei fascisti e l'affidamento dell'incarico di capo del governo a Benito Mussolini segnano una svolta. Il clima cambia anche intorno alle organizzazioni dei reduci o comunque collegate all'esperienza della guerra; il nuovo potere tende per sua natura ad accentrare, e a ridurre quanto più possibile gli spazi di azione per chi non corrisponde alla sua ideologia. L'Associazione Madri e Vedove, con le sue massicce dimensioni, il suo turbine di iniziative e il conseguente giro di denaro fa gola a molti e dà fastidio ad altri (basti pensare che la lotteria «Riconoscenza» ha un monte premi di due milioni e mezzo di lire, pari a quasi due milioni di euro attuali). È abbastanza facile attaccare padre Mauri, che dirige tutto, criticando la sua gestione economica o gli indirizzi religiosi che ha infuso nell'associazione.

La vicenda è intricata; padre Mauri si difende in tutti i modi, cercando appoggi e alleati nelle diverse sedi politiche e istituzionali, soprattutto quando arriva ad avere le prove di una manovra anticlericale e massonica volta a sottrarre «al prete» la massa di donne che strumentalizzerebbe a vantaggio della Chiesa. La riorganizzazione economica chiesta da alcuni a gran voce è in realtà il cavallo di Troia per eliminare lo scomodo prete dal vertice dell'organizzazione. E questo è proprio ciò che avviene: il Consiglio Centrale dell'Associazione affida pieni poteri a una fiduciaria, la gentildonna bolognese Laura Acquaderni, il lavoro della quale, tra vari condizionamenti, ha per esito una riorganizzazione che vede l'estromissione di padre Mauri da ogni compito. L'Associazione viene fusa dal governo con altre associazioni di reduci nella nuova Associazione delle Famiglie dei Caduti e Dispersi in Guerra, raggiungendo l'obiettivo di avere un'unica realtà sotto stretto controllo. Restano aperte per un po' delle questioni economiche, ma alla fine padre Enrico riesce a salvare la villa di Sestri.

La delusione è cocente, ma soprattutto ciò che lo fa soffrire è il pensiero di tutte le donne che non potranno più ricevere quella ispirazione spirituale che tramite l'Associazione egli si è tanto impegnato per diffondere. Ma, pur nel dolore, sente subito che non tutto è perduto: decide di installarsi nella villa di Sestri, insieme con coloro che, avvinte dall'ideale, vorranno seguirlo, per farne un centro di sostegno per le vedove e gli orfani della guerra e per dare l'avvio all'esperienza della comunità delle Figlie di S. Francesca Romana.

All'atto di scegliere fra loro [la Gioventù Femminile, ndr] e la via che ha portato alla Madonnina, ho scelto questa, ho dovuto, per forza d'eventi, scegliere questa nella quale ho incontrato anche te per darti al Signore. Ho fatto bene? Ho scelto bene? Ho cambiato l'oro in argento? Oppure ho infilato la via della Provvidenza sul mio destino e per il destino di tante altre anime? Ma che vale scrutare le vie di Dio dopo che si è vissuto! È meglio concludere: se questa fu la tua volontà, o Signore, che tu sia benedetto! E se non fu, fa che lo sia! E che gli anni che ti chiedo siano gli anni in cui questa volontà si compia perfettamente nel traffico dei talenti sepolti, di quelli perduti per via, di quelli non moltiplicati[5].

Prevedo e presento che a colui che scrive non è possibile conservare quella piena influenza e libertà di azione che è indispensabile in chi vuol maturare un programma d'apostolato, frutto di lungo studio e di grande amore. L'Associazione, attraverso i criteri che si accennano e prevarranno, tende a sfociare ed esaurirsi in un Ente di assistenza o quanto meno in effimere manifestazioni patriottiche. Questo non fu il mio sogno in fondarla ed animarla fin qui: il mio fu sogno di sacerdote cattolico italiano che sentì di quanta efficienza intima e pubblica poteva essere il dolore delle M. e V. dei Caduti «per il trionfo della Chiesa e la grandezza d'Italia».

E però, se non vi sarà modo o non si crederà opportuno di ridare a chi scrive quella piena autonomia e libertà d'azione, pur assistita tecnicamente nel campo amministrativo, economico e pratico da quanti saranno Fiduciari dell'Associazione, con dolore, ma con decisione dovrò

[5] Lettera a Maria Francesca Brunelli, 17 marzo 1958.

cercare in altre creazioni fiancheggianti lo sviluppo del mio programma apostolico, continuando in esse l'azione dell'Associazione quale la Provvidenza e i miei Superiori m'impongono[6].

Rev. e Caro Padre Mauri,

ho tanto ripensato e pregato prima di decidermi a scriverle e, non le nego, nell'atto stesso di prendere la penna ho nel cuore una incertezza dolorosa.

Ho nell'anima il senso del dovere di comunicarle quello che io penso intorno alla sua attuale missione e sento d'altra parte che le mie parole saranno penose per l'amico e Padre indimenticabile. Ella si renda conto di una coscienza di sacerdote e di amico che non vuole rimorsi tardivi.

I° – Dai molti colloqui che ho avuto oramai un po' con tutte le anime, rette e spiritualmente fedeli alla Sua persona, le migliori che Ella stessa, Padre, mi ha indicato, una nota ho raccolta veramente unisona: a) P. Mauri è anima spirituale e formativa, spirituale modello. b) P. Mauri è più un agitatore instancabile dalla intuizione felice dell'attimo transeunte che un organizzatore prudente e accorto, al quale è assicurato il successo continuativo del lavoro. c) P. Mauri è un amministratore incapace, segue nel campo amministrativo il sistema confidenziale del *pater familias*, mentre le leggi da una parte e il dovere di potere dare ragione completa e assoluta del proprio operato amministrativo a tutti della associazione dall'altra, impongono anche nelle opere di bene un regime contabile. [...]

[6] Bozza di lettera alla Giunta Esecutiva dell'Associazione Nazionale Madri e Vedove dei Caduti, gennaio 1923 [data presunta].

Ecco, Padre caro, quello che le scrive il più affezionato, se nessuno s'offende, dei suoi figlioli e padri? spirituali. Ora che questo ho scritto, ho un preciso senso di sollievo. Pregherò molto perché Lei abbia da Gesù la grazia di comprendermi e le manterrò la preghiera anche se Lei non entrerà nel mio modo di vedere.

Padre Paolo Caresana[7]

Rev. e Caro Padre

Ho ripensato a quanto ella m'ha comunicato a Milano e ho riletto sua lettera di qualche giorno precedente e ho ripetuto il Deo Gratias!

Forse anche proprio... l'amico dell'anima (posso pensarmi ancora così?) è stato un po' duro col Padre Mauri e, vedendosi fatto oggetto di particolare considerazione, s'è assiso a scranno, quasi più come giudice che come confidente.

Se sapesse, Padre, come m'è doloroso dirle questo! Mi sembra però, non tacendolo, di fare un po' di espiazione e vien da sé che è anche maggiore ora la estimazione che sento per Lei.

Ha sofferto un po' per tutti, anche per colpa de' falsi (inconsapevoli di ciò) fratelli: preghi di più per noi, ora che la prova è tremenda. [...]

Confido e prego con affetto umile e devoto.

Padre Paolo Caresana[8]

[7] Lettera a padre Enrico Mauri, 5 gennaio 1924.
[8] Lettera a padre Enrico Mauri, 27 novembre 1925.

1922
LIGURE

Ben presto la vita dell'Opera prende una fisionomia; le vedove si dedicano all'accoglienza di altre vedove e di orfane e orfani. La «Casa dell'Orfano» è la prima grande attività strutturata dell'Opera. Decine di ragazze e di ragazzi vengono accolti, ospitati, nutriti e istruiti. Per loro le Figlie di S. Francesca Romana sono «madri», che si spendono per i loro figli in tutte le necessità che mandare avanti una grande famiglia comporta.

Padre Enrico desidera che nella villa si respiri un'aria autentica di famiglia, nel volersi bene, rispettarsi e donarsi reciprocamente il meglio di sé. Egli della famiglia è il padre. Guarda ai suoi piccoli con tenerezza, esercita verso di loro l'autorità in modo amorevole, li sa ascoltare e ne cura con attenzione la crescita spirituale.

La villa è grande, ma il suo vero cuore è nella vecchia legnaia che, ripulita e riassestata, è stata scelta da padre Enrico come cappella. Dal 27 febbraio 1924 la famiglia dell'Opera è stata autorizzata a celebrare l'adorazione quotidiana dell'Eucaristia nella cappellina. Tutti sono invitati a fermarsi per un momento della giornata in preghiera davanti al Santissimo. I grandi hanno dei tempi definiti, mentre i piccoli sono invitati ad andare in cappella liberamente, per il tempo che vogliono, sospendendo per un poco i giochi e le altre attività. Quel tempo di apparente immobilità è in realtà il vero motore di tutto ciò che avviene nella casa e nei cuori delle persone che ci vivono. È davanti al tabernacolo che più spesso padre Enrico viene colto da illuminazioni spirituali e da idee sulle cose da fare, e la stessa cosa avviene a molti abitanti della casa, che in quel tempo benedetto trovano energia e sostegno.

Lo spirito della Casa dell'Orfano voluta da padre Enrico è di formare a una piena vita cristiana; l'intento è di ospitare orfani che «rivelano inclinazione alla vita sacerdotale o religiosa o di apostolato laico». Lo spirito patriottico è molto forte: i ragazzi «vengono educati a vivere e a partecipare alle ore più belle e solenni della Chiesa e della Patria»[1]; portano un copricapo con scritto «Siam figli di eroi», e partecipano portando il tricolore alle varie cerimonie e manifestazioni civili indette dalle autorità. Ma quella scritta ha un completamento, che rispecchia più precisamente il disegno educativo della Madonnina, e che si trova in testa alle pagine dedicate agli orfani sulla rivista dell'Opera: «Siam figli di Martiri! Siam figli di Eroi! E Apostoli saremo!».

Si dà vita a una scuola interna, che in breve diviene la prima scuola media di Sestri, in cui si abbinano alle lezioni teoriche delle sperimentazioni pratiche, facendo attenzione a che i ragazzi ricevano un'istruzione particolarmente indirizzata al lavoro.

Per sostenersi economicamente, padre Mauri e le madri si inventano diverse attività. Viene avviato un «Laboratorio del Tricolore», in cui vedove e orfane cuciono e confezionano bandiere da vendere alle scuole del Re-

[1] «La Voce della Madonnina», 9 (1929).

gno, e che amplierà la sua produzione in labari, bandiere e vessilli di vario genere, patriottici e religiosi, specializzandosi nella confezione del Labaro di Cristo Re.

Sono anni in cui non mancano difficoltà e ristrettezze economiche; non è raro che le madri vadano per i dintorni a chiedere contributi al buon cuore di negozianti e privati, o che si viaggi a credito nei confronti dei carpentieri e lavoranti che continuano ad agire per la ristrutturazione della casa. Nella gestione economica dell'Opera si distingue un'altra delle prime che hanno seguito padre Mauri, Maria Rosa Glisenti. Padre Enrico, che conosce bene l'animo umano, sa che per molte persone è più facile dare se vedono una finalizzazione precisa delle loro offerte, così escogita proposte come le «dodici stelle benefiche» per ogni piccolo ricoverato (persone che si impegnano a versare dieci lire al mese) o l'offerta di una «giornata di pane».

Intanto, nel 1925, è arrivata a Sestri una persona destinata a condividere il resto della vita con padre Enrico; è un seminarista di Milano, mandato in riviera dal suo rettore per rimettersi in salute. Si chiama Carlo Maria Vanoni, e non se ne andrà mai più.

Nel 1928 l'Opera apre un ambulatorio pediatrico intitolato a Margherita Giardino, moglie del generale Gaetano Giardino, comandante dell'esercito nella battaglia sul Grappa; il generale è uno dei grandi benefattori e amici dell'Opera, insieme al vescovo ordinario militare monsignor Angelo Bartolomasi, spesso in visita a Sestri e legato a padre Mauri da grande stima reciproca. Anche l'ambulatorio è una primizia per la zona; funziona grazie alla disponibilità di medici e infermieri locali, oltre che per il servizio delle madri, e anche grazie al contributo di alcune ditte farmaceutiche che rispondono positivamente alla richiesta di medicine e materiale sanitario che l'Opera rivolge loro.

L'anno precedente padre Mauri è riuscito a concretizzare un altro progetto, comprando dei macchinari e mettendo in piedi una tipografia, attraverso la quale cogliere insieme gli obiettivi di produrre stampa missionaria, di apostolato e legata all'Opera, di avere un'attività che possa abilitare al lavoro i ragazzi e di realizzare qualche guadagno per la casa. Nasce così anche il periodico «La Voce della Madonnina», che inizia a propagare l'identità e le attività dell'Opera.

Il mensile dell'Opera svolge più funzioni: tiene informati sui progressi della casa e della comunità, diffonde i progetti in cantiere e le campagne di finanziamento, e permette un collegamento spirituale in particolare mediante le pagine dedicate alla formazione delle Figlie di S. Francesca Romana, che sono definite come una

> Famiglia di Vergini, Spose e Vedove, viventi nel mondo (spose e vedove con figli) o in vita comune (vergini e vedove senza prole) che intendono praticare i consigli di perfezione evangelica, per meglio contribuire all'apostolato dell'Azione Cattolica, della cooperazione e dell'Azione missionaria, e del reclutamento e formazione, per Cristo Re, di Vergini e Sacerdoti onde concorrere del loro meglio alla realizzazione del programma del papa della Divina regalità – Pio XI – *la pace di Cristo nel regno di Cristo*[2].

Nelle «Pagine di formazione spirituale» padre Mauri spiega l'importanza di ripetere quotidianamente l'atto di oblazione al Cuore eucaristico di Gesù, sottolinea lo spirito di dedizione all'azione cattolica e all'azione missionaria, scrive e fa scrivere i profili di sante e di testimoni

[2] «La Voce della Madonnina», 1-2 (1929).

che possano fare da modello vivo e concreto per la spiritualità delle Figlie di S. Francesca Romana: anzitutto la santa da cui prendono il nome, quindi altre sante spose o vedove come Francesca di Chantal, Anna Maria Taigi, Elisabetta Canori Mora, Rita da Cascia, la venerabile Carrè Malberg e le nobildonne collaboratrici di san Vincenzo de' Paoli.

Padre Enrico convoglia nella scuola tipografica della Madonnina la stampa a carattere missionario prodotta per l'Opera di S. Pietro Apostolo; il bilancio del primo anno di attività mette le vertigini: un milione di copie della rivista «Il Prete Indigeno», mezzo milione di stampati missionari di propaganda, centomila immagini, ventiduemila cartoline sono state stampate dalle macchine azionate dai giovani orfani e dalle madri[3].

Mentre fa crescere la Madonnina, padre Enrico ha portato avanti come una locomotiva il lavoro per Propaganda Fide. Inizialmente si è occupato di diffondere nelle diocesi italiane la conoscenza della nuova Opera per il Clero Indigeno, mentre andava in giro per propagandare la GF, e ha trovato così le prime collaboratrici a livello locale. Quindi ha cominciato a strutturare le attività, stabilendo un ufficio romano e contatti abituali con i referenti diocesani, raccogliendo adesioni e sviluppando tramite un efficiente Ufficio Stampa un crescente numero di pubblicazioni mirate a diversi destinatari. Creato così un ambiente favorevole, ha iniziato a diffondere proposte più concrete, coinvolgendo i vescovi, le famiglie religiose come Soci Oranti, i seminari diocesani a cui è stato proposto di adottare un seminarista indigeno perché possa condurre in porto i suoi studi, nonché la GF.

[3] Cfr. «La Voce della Madonnina», 11 (1928).

Tra il '27 e il '28 l'attività si è ancor più consolidata, e padre Enrico ha concepito un paio di idee che, non appena messe in cantiere, si rivelano efficacissime: la proposta dell'adozione parrocchiale di un seminarista indigeno e quella dell'adozione da parte degli istituti bancari. In tutto questo tempo, padre Mauri ha condotto la sua attività ottimizzando al massimo le risorse, coinvolgendo anche alcune Figlie di S. Francesca Romana in attività di volontariato o con stipendi certo non alti, e soprattutto con un alto tasso di ideale investito nel lavoro.

Padre Enrico ha quarantacinque anni, e venti di sacerdozio. Nell'attività per il Clero Indigeno ha espresso pienamente la maturità acquisita nel lavoro apostolico di promozione e propaganda, raggiungendo il vertice di capacità organizzativa e di coinvolgimento capillare. Eppure, con un apparente paradosso, in cui non è facile vedere subito un'azione della Provvidenza, gli viene posto dall'alto un brusco e severo stop. Alla fine di marzo del 1929 riceve una lettera di richiamo dalla Sacra Congregazione di Propaganda Fide, in cui gli viene intimato di «moderarsi nelle sue importune e poco deliberate iniziative» che ingenererebbero sconcerto nelle diocesi; in realtà il motivo è che il successo delle cose inventate da padre Mauri è tale da rischiare di mettere in ombra le altre Pontificie Opere Missionarie. Il lavoro di padre Enrico viene interpretato come «concorrenza» verso le opere sorelle, quindi va ridimensionato.

Il giudizio colpisce duramente padre Enrico, che ha semplicemente tentato di svolgere al meglio il suo compito e ha ricevuto ripetuti plausi e incoraggiamenti anche dal Papa. E poiché ritiene in coscienza di non aver nulla da rimproverarsi, se non delle involontarie inosservanze dei desideri dei superiori, esprime per iscritto le sue riserve, con un correttissimo stile di piena disciplina ecclesiale.

La Sacra Congregazione delibera una riorganizzazione della struttura dell'Opera, eliminando la funzione di Direttore nazionale ricoperta da padre Enrico. Avviene così una defenestrazione di fatto di padre Mauri, che si trova improvvisamente in una situazione difficile. Rischia infatti di essere il capro espiatorio di una situazione in cui, dal suo punto di vista, ciò che gli si rimprovera è sostanzialmente di aver agito con troppa efficacia. È preoccupato di macchiare la sua reputazione di prete e di buon oblato di S. Carlo, e chiede infatti che sia allegata agli atti una lettera che attesti la bontà del servizio offerto e possa valere anche agli occhi del cardinale di Milano. È preoccupato anche di rimanere scoperto sul versante economico, perché in tutti questi anni lo stipendio ricevuto dalla Santa Sede per il servizio offerto è stato un'entrata sicura di grande importanza per la famiglia della Madonnina. È preoccupato, infine, perché verrà meno alla Scuola Tipografica la grande massa di lavoro collegata alla stampa dei materiali per il Clero Indigeno.

Fortunatamente, la stima che il cardinale Van Rossum non ha cessato di nutrire per lui fa sì che, almeno sui primi due versanti, il panorama si rischiari: pur cessando la funzione di Direttore nazionale, padre Mauri viene nominato consigliere dell'Opera, che vale come riconoscimento implicito di valore, e questo porta con sé un emolumento mensile di 1800 lire (pari a poco più di 1300 euro attuali). Padre Enrico manterrà questa carica fino al 1960.

La «pena dell'animo e la profonda umiliazione»[4] provate da padre Enrico e da lui offerte al Sacro Cuore per

[4] Così si esprime in una lettera al Papa, forse mai spedita.

la crescita dell'Opera tanto amata sono il prezzo per la chiusura di un'altra pagina della sua vita. Piano piano, un passo dopo l'altro, il Signore lo sta conducendo a concentrarsi su un solo obiettivo. Ci sarà però un altro carico da portare: in futuro non mancherà chi si sentirà autorizzato a leggere il susseguirsi di apparenti fallimenti e di espropriazioni delle cose da lui create come la conseguenza di una sua insufficienza o incapacità di gestione. Come se padre Mauri fosse bravo a inventare ma poi incapace a portare avanti le sue creazioni. Padre Enrico invece intuisce con sempre maggiore sicurezza che in questi avvenimenti c'è un disegno di Dio; è Lui che lo ha fatto capace di ideare e di sognare, di vedere qualcosa là dove ancora non c'è, e in questo c'è la grandezza del dono ricevuto. La spoliazione fa parte del progetto, per uno scopo che diventerà evidente solo molto più avanti, anche se padre Enrico già sa che esiste e che per esso vale la pena di soffrire.

Oh! Le ore di fervida confidente preghiera, davanti al Re Divino dell'Eucarestia, perché il sereno tornasse e le amichevoli intese si riannodassero: ore diurne ed ore notturne: nella intimità della famiglia della Madonnina e nella partecipazione del pubblico. [...] Egli è ben vero che al caldo dei cuori faceva da contrasto il freddo grezzo delle pareti! Che all'abbondanza delle preghiere non rispondevano né risponde quella delle suppellettili sacre; alla sicurezza degli spiriti quella delle porte tuttavia provvisorie. Nostro Signore che guarda i cuori, diede ascolto alla preghiera, e alle prolungate adorazioni che tornarono più accette anche per il disagio della mancanza di panche ove inginocchiarsi e pregare[5].

Pensavo al Padre, a quel suo abituale, originale ed espressivo gesticolare, al suo volto sempre illuminato, quale Mosè sceso dal Monte, lo sguardo intenso che ti entrava dentro; quella sua presenza che mi dava, da ragazzo, un forte senso di paternità, un clima di serenità interiore e non sentivo di essere orfano.

Pensavo anche a voi, giovani «madri», con quel velo a rete, più rete che velo; mi piaceva, perché lasciava liberi i vostri capelli naturali e belli. Il vostro volto era gentile, espressivo di composta femminilità vera e consacrata; e mi sentivo addosso la vostra benevolenza di madri e di sorelle.

La Teresina ci rimboccava le coperte con fare materno e noi si trangugiava così decisi l'olio di ricino, unico e insostituibile antinfluenzale, ma si imparava a mandar giù le, inutili a volte, sfuriate del vicerettore. E quei pasticci, dolci di affetto, della Rita davano soddisfazione al nostro fisico piccolo e gracile. Le ore di lavoro poi, due alla settimana nell'orario scolastico, come erano piacevoli passate in tipografia con la Diletta. Quanta sapienza si assorbiva, molta più che con la «passeggiata scema» che il prefetto ci imponeva spesso.

Mi sono così ritrovato un adolescente a cui è mancata presto anche la mamma, ma un adolescente affettivamente sereno e realizzato.

Don Rino Garosi[6]

[5] P. E. Mauri, *Primo anniversario*, in «La Voce della Madonnina», 10 (1931).

[6] Lettera del 13 marzo 1992.

1930
COSTRUTTORE

Un giorno, in giardino, nei dintorni della cappellina, un apostolino (gli orfani vengono chiamati così) ferma padre Mauri e gli dice: «Voglio anch'io diventare prete, ma prete come lei». Si chiama Giuseppe Bonfiglioli; ha sedici anni ed è arrivato alla Madonnina due anni prima, nel 1924. Ha sentito forte e inequivocabile la chiamata del Signore nelle ore passate in cappella per l'adorazione eucaristica. A ragione padre Enrico può scrivere: «Come germogliano le "vocazioni" alla Madonnina? A tu per tu con Nostro Signore esposto nel SS. Sacramento»[1].

Le parole di Giuseppe hanno il potere di chiarire a padre Mauri l'orizzonte che dentro di lui stava maturando da tempo. L'opera educativa deve caratterizzarsi in modo ancora più marcato per la formazione all'apostolato e quindi in senso vocazionale. In questo modo l'intera realtà della Madonnina verrà ad essere improntata a suscitare e nutrire apostoli, capaci di portare nella propria condizione di vita il messaggio del Vangelo.

La Casa dell'Orfano compie perciò la sua lenta metamorfosi in Vivaio Apostolico; se il Signore lo vorrà, il gio-

[1] «La Voce della Madonnina», 12 (1928).

vane Giuseppe sarà il primo di una schiera di sacerdoti forgiati alla Madonnina.

Nella mente di padre Enrico il quadro si compone così: lui e padre Carlo, ordinato sacerdote nel 1927 e assegnato dal cardinale Tosi di Milano all'assistentato dell'Opera Madonnina del Grappa, vivono il loro sacerdozio nello spirito degli Oblati dei Santi Ambrogio e Carlo dedicandosi all'ideale di suscitare un apostolato rivolto al mondo e alla Chiesa; questo spirito è lo stesso vissuto dalle Figlie di S. Francesca Romana; e questo spirito potrà essere vissuto da altri sacerdoti che, formati alla Madonnina o successivamente arrivati dopo altre esperienze, vorranno condividerlo e consacrarvisi a loro volta.

È nel marzo 1928, durante le Quarantore alla Madonnina, che in padre Mauri prende definitivamente corpo l'idea di fondare un nuovo istituto di Oblati, secondo lo spirito di san Carlo. La famiglia della Madonnina del Grappa sarà quindi una famiglia di consacrazione formata da diversi rami: quello secolare femminile, quello sacerdotale e quello secolare maschile, formato dagli uomini chiamati da Dio a stare nel mondo. Nel 1925, papa Pio XI aveva emanato l'enciclica *Quas primas*, istituendo la festa di Cristo Re; da qui padre Enrico ha tratto l'ispirazione per il nome dei suoi sacerdoti: saranno Oblati di Cristo Re. Dopo alcuni anni anche le donne, da Figlie di S. Francesca Romana, cambieranno il proprio nome in Oblate di Cristo Re.

Padre Enrico ha tenuto al corrente il cardinale Ildefonso Schuster, subentrato a monsignor Tosi come arcivescovo di Milano, degli sviluppi dell'Opera e del suo progetto di formazione di un sodalizio di Oblati che, nello spirito di san Carlo Borromeo, si mettano a disposizione della Chiesa per le urgenze pastorali e per la cura spirituale, con l'intenzione di formare dei santi; Schuster, ricevute da padre Mauri le bozze delle Costituzioni del Pio Sodalizio degli Oblati di Cristo Re e comprendendo cosa padre Enrico ha in mente, li ha definiti «Oblati del papa», in un evidente parallelo a dimensione universale con gli «Oblati del vescovo» istituiti da san Carlo, e ha incoraggiato padre Mauri a portare avanti la sua idea.

Il Vivaio Apostolico cresce e si sviluppa sotto le attente cure dei padri e delle madri; coloro che dichiarano la vocazione al sacerdozio vengono indirizzati a completare gli studi nei seminari vicini. Per i suoi chierici padre Mauri desidera l'istruzione migliore; sa bene, per esperienza, che essere aggiornati teologicamente e culturalmente è di estrema importanza per poter essere preti al passo coi tempi. Così affitta una casa a Roma, a cui dà il nome di «Regina Apostolorum», in modo da offrire un alloggio per poter studiare alla Pontificia Università Gregoriana.

Il computo finale del lavoro del Vivaio Apostolico segnerà circa duecento studenti cresciuti in circa vent'anni e, tra essi, una cinquantina di sacerdoti. Lo spirito di padre Mauri è però così libero, nel lavorare per il Signore, da non desiderare altro che formare buoni preti, e non preti suoi. Per lui è sempre stato e sarà sempre così: fare di tutto perché le anime si volgano al Signore, aiutandole a scegliere in piena libertà la propria strada, anche se dovesse portare lontano dalla Madonnina. Una delle più strette collaboratrici dirà: «Ripeteva spesso: "Vorrei girare con in tasca le Costituzioni dei vari istituti per mostrarle e far scegliere a ciascuno la più adatta a sé"». Addirittura, le Oblate inviate in servizio di apostolato presso il Centro nazionale dell'Azione Cattolica avranno disposizione di non propagandare il proprio sodalizio, e di parlarne soltanto in colloqui privati qualora il bene della persona incontrata lo richieda, così da evitare il rischio di un servizio non del tutto gratuito[2].

Gli anni Trenta sono anni di consolidamento dell'Opera, sotto tutti i profili. Da un lato c'è l'architettura vera e propria, sia per la costruzione di un nuovo complesso per aumentare la capacità ricettiva della villa e i servizi offerti, sia perché padre Mauri ha concepito il progetto di costruire una nuova chiesa, un vero e proprio tempio.

Nel 1929 avviene lo storico concordato tra la Chiesa cattolica e lo Stato italiano tramite i Patti Lateranensi. In quel giorno, l'11 febbraio, padre Mauri è a Roma e segue in diretta l'avvenimento. È un passaggio avvertito come epocale da tutto il mondo cattolico, perché mette fine alla lunga estraneità tra la Chiesa e la nazione e pare aprire una nuova era, in cui Dio potrà riprendere il suo posto nella vita italiana. Questo è proprio il sentire del Papa, che parlando il giorno dopo ai pellegrini dell'Università Cattolica si esprime così: «È con profonda compiacenza che crediamo aver con esso ridato *Dio all'Italia e l'Italia a Dio*»[3]. E così commenta Armida Barelli: «Pio XI aveva proclamata la Regalità di Cristo al mondo che l'aveva dimenticata, e il Re divino riaffermava la dimenticata sovranità del suo Vicario»[4]. Non c'è da stupirsi se grande parte del cattolicesimo italiano ci metterà del tempo a realizzare quanto di strumentale ci sia nell'aver voluto il Concordato da parte del regime fascista; l'apertura di credito verso di esso, causata dai Patti Lateranensi, sarà destinata a un graduale rientro già a partire dal 1931,

[2] Cfr. Lettera a Maria Rimoldi, 28 giugno 1947.
[3] Cfr. A. Barelli, *La sorella maggiore racconta*, cit., p. 285.
[4] *Ibidem*, p. 283.

quando tra la Santa Sede e il regime ci sarà una crisi a causa dell'Azione Cattolica, e poi per le scelte politiche, razziali e belliche del fascismo.

Anche padre Enrico esulta, e gli apostolini vengono mandati a volantinare sui treni in transito alla stazione di Sestri degli stampati che solennizzano l'evento. L'idea del tempio diventa così il progetto di un santuario che scriverà nella pietra un triplice omaggio imperituro a Cristo Re eucaristico, alla Madonnina del Grappa e al Papa che ha saputo compiere un gesto tanto importante per la storia della Chiesa.

La prima pietra, un masso preso ai piedi della Madonnina sul Monte Grappa ad opera del generale Giardino, viene posta il 16 giugno 1929. Per la progettazione e lo studio architettonico padre Mauri si rivolge a un prete architetto, don Ambrogio Moioli, anche lui oblato di S. Carlo. Per padre Enrico non è immediato percepire esattamente che cosa diventerà tridimensionalmente ciò che è disegnato sulla carta; inoltre non di rado le sue idee si modificano mano a mano che l'opera di costruzione prosegue. Così i suoi collaboratori hanno un bel daffare a intendersi e a contrattare con lui le modifiche e le novità. Ma, piano piano, il tempio nasce e viene inaugurato il 26 ottobre 1930, giorno in cui viene anche posta la prima pietra della nuova Casa dell'Orfano.

Imprese del genere richiedono un forte investimento economico, e i soldi alla Madonnina sono sempre contati. Ma padre Mauri ha un'incrollabile fiducia nella Provvidenza divina: un progetto dall'ispirazione spirituale così alta e forte non sarà lasciato in solitudine dal Sacro Cuore. Si affida al buon cuore della gente, aprendo una campagna di sottoscrizione di cui «La Voce della Madonnina» dà puntualmente i resoconti, tenendo aggiornati i suoi destinatari sull'andamento dei lavori. Ma c'è uno

Inoltre, nel 1930, l'enciclica *Casti connubii* di Pio XI ha gettato una luce nuova sul matrimonio cristiano; padre Mauri ha colto, nell'impianto dell'enciclica che difende il sacramento e la sua incidenza sul piano sociale e culturale, delle importanti aperture spirituali a che gli sposi facciano della vita matrimoniale un campo di santità. E nelle migliaia di coppie di sposi che hanno circondato il Papa in una celebrazione durante l'Anno Santo straordinario del 1933 vede una «sagra della nuzialità».

Inizia così – come sempre partendo sia dalla teoria che dall'ispirazione proveniente dalla sua esperienza diretta – ad approfondire il tema della nuzialità, e lo farà su un doppio versante; da un lato individuando nel Cuore nuziale di Cristo il protagonista di una relazione sponsale con ogni uomo e ogni donna, all'insegna della donazione reciproca, dentro i diversi stati di vita; dall'altro lato comprendendo come nella vita degli sposi cristiani sia tracciata una via di santità non nonostante il matrimonio ma proprio grazie ad esso e dentro di esso.

Giuseppe Bonfiglioli è il primo studente della Madonnina ad essere ordinato sacerdote, nel 1934, e dopo la laurea alla Gregoriana gli viene affidata la direzione del Vivaio Apostolico; accanto a lui altri preti iniziano a condividere la vita e lo spirito oblatizio di padre Mauri e di padre Vanoni. Gli Oblati di Cristo Re, nati per suscitare apostoli e santi, non hanno un campo di azione stabilito a priori: saranno le urgenze pastorali a definirne gli impieghi, in accordo con i vescovi. Alcuni preti sono coinvolti direttamente nella gestione della casa o dei corsi scolastici; padre Bonfiglioli nel 1941 verrà scelto dal vescovo di La Spezia come suo vicario; per altri a un certo punto si apre invece la possibilità di un'esperienza di tipo parrocchiale in diocesi di Milano.

Padre Mauri, infatti, ha sempre vivissimo il desiderio di poter fare qualcosa di concreto per la sua arcidiocesi; la sua identità di prete è fondata sull'essere un sacerdote ambrosiano in missione fuori diocesi, e tiene vivi i contatti con Milano in tutti i modi possibili (per molti anni seguirà personalmente il gruppo di Oblate che si formerà lì). Per lui, il nuovo sodalizio degli Oblati di Cristo Re non è altro che la trasposizione dello spirito originario degli Oblati dei Santi Ambrogio e Carlo in termini adatti ai tempi e alle nuove situazioni sociali ed ecclesiali; a lungo accarezzerà il progetto di connetterlo in qualche modo agli Oblati ambrosiani. Avendo padre Enrico offerto i propri Oblati per un servizio pastorale all'arcidiocesi di Milano, il cardinal Schuster accetta la proposta assegnando loro nel 1941 una chiesa alla periferia della città, nella zona di Vialba; è una realtà di frontiera, quartieri di «case minime», quanto mai popolari, con tanta povera gente lombarda e immigrata e carica di problemi morali e materiali. Un paio di Oblati perciò si installa a Vialba e avvia una difficile e feconda attività pastorale, mentre l'Europa è di nuovo arroventata dalla guerra.

Avviene quindi un fatto importante per la comunità: il vescovo di Luni, a cui fa riferimento territorialmente l'Opera, nel 1941 emana un decreto per l'erezione canonica dei due Sodalizi (Sacerdoti Oblati di Cristo Re e Oblate) con la qualifica di Pia Unione. Le Costituzioni dei sodalizi vengono approvate in via di esperimento per sette anni.

Ritorna il Natale alla Madonnina fra i canti della cristiana letizia e il perseverante fervore dei cuori che alla scuola della Celeste Madre si stringono, si educano a Cristo, ritrovando nel grezzo delle pareti, nella povertà delle suppellettili, nella incompiutezza delle linee architettoniche la piccola Reggia del Re Divino e della Regina del Cielo, ancora troppo somigliante all'umile grotta di Betlemme.

Ritorna anche fra noi, fra la vispa schiera dei nostri Orfani ed il manipolo dei nostri Apostolini, che la insufficienza degli ambienti ed il ritardo delle costruzioni in progetto non consentono di moltiplicare, ricordando ancor troppo, la nostra Casa dell'Orfano ed il Vivaio Apostolico, la ristrettezza della Casa di Nazareth, che ha visto la fanciullezza e l'adolescenza di Gesù.

Ritorna con tutta la vivezza dei sogni e delle speranze che la nascente Famiglia raccolta attorno al Trono Eucaristico di Gesù Re ed in grembo alla Madre del Cielo, alimenta a gloria della Chiesa e della Patria e a bene dei miseri che non hanno carezze e pane e dei generosi cui arride in cuore l'ideale dell'apostolo[7].

Mio sempre caro don Enrico Mauri, Sestri Levante.

Ho ricevuto le sue notizie e i suoi auguri. Appena so dirle la gioia che mi hanno arrecato. Non dico che l'avessi mai dimenticata in questi anni di vita orientale e dopo questa mia sorpresa del trapasso a Parigi. Ma per me tutto restava un mistero, in mezzo a tanti scomparsi, e tra tante rovine.

[7] [E. Mauri], *È Il Santo Natale!*, in «La Voce della Madonnina», 12 (1934), articolo non firmato.

Ora l'ho ritrovata e benedico Iddio che l'ha conservata in salute ed in perenne entusiasmo per l'onore e l'amore di Nostro Signore e della sua benedetta Madre.

Pensi che siamo ormai quasi a 40 anni da quando ci siamo incontrati la prima volta... a Cepino – si ricorda? – in Valle Imagna, quando ella accompagnava monsignor Marelli, nuovo vescovo di Bobbio. Fra quella data ed ora quante vicende, da fare arrossire la povera razza umana! Ma intanto le cose sue, i suoi santi progetti, padre Mauri li ha realizzati: il tempio di Sestri è là magnifico, a quanto vedo dall'almanacco inviatomi, ed accanto alle pietre sovrapposte c'è tutta una costruzione spirituale che si protende verso l'avvenire, non inteso secondo le ispirazioni materialistiche minaccianti di sommergere tutto il mondo, ma vivificato dal Vangelo eterno e dalla Chiesa di Cristo.

Il suo vecchio amico, caro don Mauri, è andato innanzi lasciandosi portare dalle circostanze in cui ha scorto i disegni della bontà del Signore a suo riguardo e della sua santa volontà, giorno per giorno, piuttosto che impulsi interiori personali e dinamici. Ma, come vede, siamo l'uno e l'altro abbastanza in alto sulla collina, non degli onori umani, che sono cosa vana e spregevole, ma di un servizio della Santa Chiesa che resta per lo meno incoraggiamento per chi verrà dopo di noi, ad occupare nella vita i nostri posti. [...]

Possibile che ella, caro Padre Mauri, che sa correre per tutto il mondo recando le scintille di quel fuoco... di quel fuoco sacro che è destinato a accendere i cuori di tutti i fratelli di Gesù, non trovi il modo di passare da Parigi. Pensi che ella troverebbe qui un'accoglienza festosa e cordialissima: ed intanto che io sono vivo e sano non le conviene lasciar passare l'occasione di un incontro che farebbe bene ad ambedue. Potremmo ragionare insieme, come diceva il buon Cardinale Federico, di quelle consolazioni che ci aspettano e che saranno la nostra gioia per tutti i secoli.

Monsignor Angelo Roncalli[8]

[8] Lettera a padre Enrico Mauri, 14 marzo 1946.

1945
RICOSTRUTTORE

È la guerra: è di nuovo sofferenza inaudita, insicurezza, povertà, smarrimento. E ora padre Enrico ha una sua famiglia a cui pensare. Occorre garantire il sostentamento di tutti, stare accanto a chi è in difficoltà, mantenere il collegamento con chi è lontano, e sempre e comunque aiutare tutti a tener salda la fede in Dio e nel suo amore. Tra giugno e ottobre 1940, mentre la Madonnina ha accolto delle famiglie di sfollati di Bordighera a causa dei bombardamenti, padre Enrico attraversa un'altra delle sue crisi di salute, e stavolta è particolarmente grave. È sempre l'apparato respiratorio a entrare in sofferenza, al punto da impedirgli per un lungo periodo di parlare. A novembre, poi, un'iniezione, invece di aiutarlo a riprendersi, gli scatena un'infezione che lo porta alle soglie della morte, tanto che alla Madonnina si passa una intera notte in adorazione per implorare la sua salvezza. Essa viene, ma il ritorno delle forze è lento.

La guerra, invece, non dà tregua. La Liguria viene pesantemente bombardata e quando, nel dicembre 1943, viene colpita una fabbrica molto vicina alla Madonnina, non rimane altro che sfollare. Sono novantasei le persone da sistemare altrove, tra oblate, chierici, studenti e orfani; un primo gruppo trova riparo dalle parti di Lecco, a Campo de' Boi; un secondo troncone va a Roverano, sopra La Spezia, ma dopo pochi mesi padre Mauri decide di portare tutti in Lombardia; con un viaggio avventuroso in camion e in treno, sotto le bombe e fra città in macerie, arrivano a Milano per disperdersi in vari luoghi e poi ritrovarsi un mese dopo a Campo de' Boi. Lì la comunità ristabilisce dei ritmi di normalità: si riprendono gli studi.

Nel frattempo, padre Enrico viene a sapere di una casa disponibile nella zona di Erba; è un collegio delle Suore Giuseppine di Torino. Sembra una buona occasione per stabilire una sede dell'Opera in Lombardia. A guerra finita la casa viene presa in affitto e chiamata Villa Cristo Re; lì viene stabilita la nuova sede del Vivaio Apostolico.

Intanto il grande conflitto è terminato. Si è tutti più poveri, ma chi è sopravvissuto deve trovare la forza di rimboccarsi le maniche e ricostruire. Per padre Enrico si tratta di ritessere i legami, soprattutto, con le realtà locali dei gruppi di Oblate in formazione in giro per l'Italia, che durante gli anni Quaranta e nei primi anni Cinquanta ricevono l'approvazione dai propri vescovi, dimostrando che questo Pio Sodalizio ha basi già assai solide. E poi occorre ritrovare una normalità di vita per l'Opera, ormai presente in quattro luoghi: la casa della Madonnina di Sestri, che deve riprendere la sua attività, la casa di Erba con il Vivaio Apostolico e quindi piena di studenti nonché di oblate e chierici a loro dedicati, la parrocchia di Vialba, in cui ai due sacerdoti presenti si sono affiancate due oblate, e Roma con i suoi preti studenti e un'oblata assegnata al servizio dell'Unione Donne di AC; inoltre, a Sestri c'è il tempio che dev'essere completato. E, come se non ci fosse ancora abbastanza carne al fuoco, padre Mauri affitterà nel 1949 un'altra casa in Brianza per farne un centro di esercizi spirituali: verrà chiamata Villa Annunciata.

Ora più che mai c'è bisogno di continuare, come scriveva quindici anni prima, a «rigenerare in Cristo anime, famiglie, forme di vita sociale e nazionale, in un'opera assidua di ricostruzione cristiana»[1].

La costituzione del primo gruppo diocesano di Oblate di Cristo Re è avvenuta a Milano durante la guerra, ricevendo nel 1942, sull'onda dell'erezione canonica come Pio Sodalizio, dell'anno precedente, il riconoscimento del cardinal Schuster: è un grande gruppo, con centonovanta aderenti, che padre Mauri seguirà personalmente per molti anni. Le Oblate conoscono poi negli anni del dopoguerra una intensa fioritura. Nascono gruppi in diverse diocesi, tutti riconosciuti dai rispettivi vescovi: Como (1945), Bologna (1947), Torino (1949), Udine e Città di Castello (1950), Concordia-Pordenone (1953).

Le imprese sono vaste, e l'insieme delle cose da tenere presenti impone spesso a padre Mauri dei periodi di lontananza dai vari centri dell'Opera; così è difficile comunicarsi vicendevolmente ciò che le vicissitudini quotidiane portano nella vita di ciascuno. Probabilmente è anche per questo che, all'interno della comunità degli Oblati, cresce piano piano una situazione di tensione nei confronti del padre.

Padre Enrico, con al fianco padre Carlo e pochi altri, si trova contrapposto un buon numero di sacerdoti che gli muovono vari rimproveri, da chi lo accusa di scarso polso a chi di eccessiva durezza, chi di intervenire troppo e chi di parlare troppo poco. Gli tocca anche sentirsi

[1] «La Voce della Madonnina», 4 (1929).

dire schiettamente che padre Mauri sa inventare ma non è capace di gestire ciò che mette in piedi; gli viene chiesto di ripartire le responsabilità del sodalizio, di formare un consiglio direttivo...

Padre Enrico si rende conto che una parte degli Oblati non ha recepito lo spirito che deve distinguere il sodalizio nato alla Madonnina, e non condivide in realtà il sogno del suo fondatore.

I motivi della contrapposizione sono, considerati in profondità, di diverso ordine.

Nel 1947, poco prima dello scadere del settennio sperimentale delle Costituzioni del sodalizio, papa Pio XII ha promulgato la costituzione apostolica *Provida Mater Ecclesia*, con la quale la Chiesa, dopo un lungo studio della questione, ha approvato ufficialmente gli Istituti secolari. A padre Mauri ciò ha portato da un lato l'importante riconoscimento della linea intrapresa da molto tempo, di guidare le anime a una consacrazione di tipo secolare, e dall'altro la necessità di ripensare le Costituzioni della sua famiglia in armonia con le nuove disposizioni. Questo provoca però una frizione con quegli Oblati che non riescono a fare propria la visione di sé come Istituto secolare, concependosi invece come una «classica» fraternità sacerdotale.

Inoltre, lo svilupparsi della famiglia sacerdotale è vissuto dagli Oblati come un inevitabile e naturale sbilanciamento dell'Opera Madonnina del Grappa a favore della preminenza del servizio sacerdotale, a discapito delle altre vocazioni, che vengono interpretate sostanzialmente al servizio di quello. Ciò è particolarmente evidente nella posizione di padre Giuseppe Bonfiglioli; la sua visione del sacerdozio riverbera un'impostazione tradizionale che chiede la «lontananza» anche fisica delle donne dai chierici e pone il prete (e il futuro prete) su un piano più alto.

La visione di padre Mauri è invece su di un altro livello. Padre Enrico ha smesso da tempo quell'impostazione perché ne ha intuita un'altra, che rivela la sua forza sul piano dei carismi: ogni cristiano porta la chiamata ad essere santo, e l'oggi ha bisogno di apostoli santi, che testimonino il Vangelo nella propria vita e trasformino il mondo, seminando a piene mani i semi del Regno. Agli occhi di Dio non esiste una vocazione subordinata a un'altra, ma un unico cammino di santità e un'unica responsabilità di santificazione del mondo, in cui ogni vocazione deve appoggiare le altre, rafforzarle e condividere con esse la costruzione del Regno. Per questo la famiglia della Madonnina ha diversi rami: perché ognuno ha la sua vocazione in cui crescere e santificarsi; ma la famiglia è una sola, e in essa c'è pari dignità. Pari dignità, inoltre, tra uomini e donne, con esercizio pieno dell'apostolato da parte di quest'ultime, non subordinate ai primi: una visione in cui il padre emerge per il suo slancio profetico.

Un altro versante su cui si genera il disaccordo, e che è in un certo senso il corollario del precedente, è il crearsi di una deriva pastoralista, che mette in primo piano il servizio ecclesiale classico del sacerdote pastore d'anime rispetto all'ispirazione originaria della Madonnina di occuparsi di ricostruire le anime e fare dei santi. Ma lo spirito degli Oblati di Cristo Re, mutuato dagli Oblati dei Santi Ambrogio e Carlo, non permette di fissarsi in un unico servizio. Padre Mauri rimprovera ai suoi Oblati di non dedicarsi alla diffusione dello spirito dell'Opera, cosa provata dal fatto che il sodalizio non sta crescendo neppure numericamente, e di venire così meno a un compito di cui c'è invece nel popolo di Dio tantissimo bisogno.

È anche vero che in questa fase della sua vita padre Mauri non ha ancora raggiunto sul proprio carisma, e quindi sul carisma da proporre agli Oblati, una chiarezza tale da poterlo esporre in maniera efficace; ciò è normale, nello sviluppo graduale della comprensione di sé che avviene in ogni persona, poiché le intuizioni più profonde hanno bisogno di tempo per potersene impossessare anche intellettivamente. Ma ciò certamente non facilita l'adesione degli Oblati a un disegno di missione sacerdotale nel mondo i cui contorni non sono ancora perfettamente definiti. Questo, inoltre, si mescola al dato singolare che molti dei preti della comunità degli Oblati sono cresciuti alla Madonnina, e per essi padre Mauri è stato ed è un vero e proprio padre: c'è in alcuni di loro il bisogno umano di differenziarsi da lui, per acquisire la propria autonomia adulta.

Gli Oblati rimproverano a padre Mauri di essere troppo spesso lontano e perciò non al corrente di tutto quello che succede e, nelle brevi soste in comunità, di voler comandare apportando cambiamenti troppo repentini a quanto si sta facendo. Gli dicono anche che risponde di sì troppo facilmente a chi gli chiede un sacerdote per qualche necessità pastorale, impoverendo la Madonnina delle forze fresche che essa stessa produce. D'altra parte, è proprio la distanza a permettere a padre Mauri di vedere con chiarezza cosa funzioni o meno nella sua fraternità sacerdotale, rispetto alla quale ha il dovere di essere padre e guida, ed egli ha sempre pensato ai suoi Oblati come un dono da fare alla Chiesa.

Come in ogni situazione in cui i rapporti sono in crisi, non possono fare a meno di emergere anche le povertà personali, gli egoismi, le parzialità di visione, i giudizi trancianti e ingiusti, le grettezze di qualcuno. L'epistolario tra padre Enrico e i suoi Oblati, e in particolare nei confronti di padre Giuseppe in oltre un decennio di disaccordo doloroso e logorante, rivela in questo frangente tutta la grandezza del suo cuore di padre; mentre non recede dalle cose che gli stanno a cuore e non rinuncia a comunicare ciò che vede e ciò che pensa, esprime una forte attenzione alle ragioni dell'altro, sempre attento a non ferire gratuitamente. C'è sempre, in calce alle lettere, l'affidamento al Signore perché illumini, e la richiesta e l'offerta di preghiere reciproche. E fa un certo effetto vedere come questo stile sia presente anche nelle lettere che padre Giuseppe e altri Oblati gli scrivono, con affetto molto forte pur nella diversità di vedute e nel confronto talvolta anche severo. È il segno che, se forse padre Enrico non è riuscito a comunicare a tutti il suo sogno, ha saputo però comunicare l'amore che lo guida. Anche dopo che la vicenda sarà conclusa, questo stile di rispetto reciproco e di amore nonostante tutto farà sì che molti sacerdoti che se ne saranno andati dalla Madonnina serberanno forte l'affetto e il legame con il padre. Padre Bonfiglioli nel 1958 prenderà l'iniziativa di convocare i sacerdoti cresciuti alla Madonnina per festeggiare i cinquant'anni di sacerdozio di padre Mauri. Da parte sua, padre Enrico riuscirà a non serbare rancore, e a mostrare la gioia autentica dell'uomo riconciliato ogni qual volta gli succederà di incontrare uno dei suoi antichi figli; nei confronti di alcuni, non mancherà di fare il primo passo, andandoli a cercare per riannodare il filo di una nuova relazione.

Padre Mauri tiene al corrente il cardinale Schuster e ne cerca il consiglio, sia perché è il suo superiore come oblato di S. Carlo sia perché il vescovo di Luni, allo scadere del settennio di prova, ha preferito demandare all'arcivescovo di Milano la valutazione delle nuove Costituzioni.

A un certo punto si va verso una maggiore strutturazione del sodalizio, con l'istituzione di un consiglio direttivo, ma padre Enrico, mentre accetta di suddividere le responsabilità, non intende avallare un accantonamento dell'ispirazione degli Oblati né accettare di essere considerato come vago riferimento paterno senza vera voce in capitolo. Due oblati chiedono allora al cardinal Schuster una visita apostolica, di cui viene incaricato il gesuita padre Ambrogio Fiocchi. Si tratta di una vera e propria ispezione, con un suo preciso metodo che esclude il fondatore dai contatti con il resto del sodalizio e prevede l'interrogatorio di tutti i protagonisti nonché l'acquisizione di tutti i dati e i documenti che il visitatore ritiene necessari.

L'esito della visita è lo scioglimento degli Oblati di Cristo Re, deciso dal cardinal Schuster vista la non corrispondenza dei sacerdoti coinvolti allo spirito del sodalizio. Padre Mauri ne è scosso nel profondo. Aveva già messo in conto di dover rinunciare a molti oblati, ma non di dover chiudere il ramo della famiglia spirituale che tanto gli stava a cuore e in cui nutriva tante speranze. Attribuisce a se stesso molta responsabilità di questo insuccesso, ad esempio per aver accolto con troppo ottimismo alcune persone che già si intuiva fossero non adatte. Ma, coerente con il suo stile di affidamento fiducioso alla volontà di Dio, accoglie il suggerimento del cardinal Schuster di ripartire da capo, in quel di Sestri, a perseguire il consolidamento dell'Opera e con sofferenza grande riconosce che l'esperimento degli Oblati «doveva fallire e fallì»[2].

[2] Circolare alle Oblate, 1 (1967).

Il superiore ha finito il suo incarico, ma il padre non abbandona i suoi figli. Così, nei mesi seguenti, padre Mauri si occupa di aiutare gli ex Oblati a trovare ciascuno il proprio posto; chi rientra nella diocesi di provenienza, chi parte per una missione all'estero, chi, come i preti di Vialba, continua la missione in cui è impegnato, così come don Bonfiglioli che, dal vicariato di La Spezia, proseguirà la carriera ecclesiastica divenendo vescovo nel 1961.

Il ramo sacerdotale resterà sempre il suo sogno nel cassetto; a più riprese nutrirà la speranza di farlo rinascere, specialmente quando, avanti negli anni, sarà preoccupato di chi, dopo lui e padre Carlo, porterà avanti l'assistentato dell'Opera e il cardinal Montini, arcivescovo di Milano, gli dirà di non poter impegnare gli Oblati dei Santi Ambrogio e Carlo ad occuparsi di questo nel futuro. Ma il capitolo, per allora, è chiuso. Gli resterà nel cuore la profezia fattagli un giorno dalla sapienza evangelica del cardinal Schuster, che i preti di padre Mauri non sarebbero stati i suoi figli, ma sarebbero in un futuro arrivati da fuori, attratti dallo spirito della Madonnina.

Ben presto però padre Enrico capisce che neppure questo doloroso evento è fuori dalla logica della Provvidenza. Ancora una volta il misterioso disegno divino sta rivelando un suo dettaglio. L'Anno Santo 1950, in cui sono maturati questi fatti, porta a padre Mauri anche nuove esperienze tali da fargli capire che il «secondo tempo» dell'Opera, dedicato alla cura della formazione e allo sviluppo del ramo sacerdotale, è concluso, mentre è arrivato il momento di aprire il terzo tempo.

Penso che pochi Sacerdoti abbiano avuto situazioni e possibilità di apostolato di portata e risonanza così ampia come il Padre, il quale, dopo il periodo di tirocinio bobbiese, si è sempre sentito trascinare fuori dell'orbita di un apostolato locale e posto in funzione di più vasti orizzonti. [...] Tutto questo però, ripensato, mi pare la funzione preparatoria di un'altra missione – forse la mia vera missione – quella che è in corso e che si è venuta elaborando alla «Madonnina del Grappa», con il suo Tempio e le sue Istituzioni «pro Sacerdotio» e «pro collaborazione al Sacerdozio».

È quello che mi fa vedere N.S. attraverso lo spiraglio di confidenze ad anime elette, incitandomi ad avere molta fiducia nonostante le apparenze di impossibilità frapposte dalla salute, dai lenti risultati, da condizioni ambientali non sempre favorevoli.

Allo svolgimento di questa missione, che si concreta nella propaganda, organizzazione e coltivazione dei tre Sodalizi, è legata anche la mia vita, che sarà longeva o meno, a seconda delle esigenze di questa missione e dalla corrispondenza ai disegni di Dio al riguardo.

[...] Le conseguenze? Volete che il Padre, nonostante le apparenze di una salute incerta, perduri fra voi, aiutatelo a svolgere la sua, che deve diventare la vostra missione.

[...] Nessuno deve dire davanti a questa missione «non son fatto», «non sento questo settore», «è affare del Padre». Tutti, e Sacerdoti in «fieri» e Sacerdoti in «facto», qualunque missione particolare abbiano, devono vedersi, sentirsi ed operare col Padre, anche in funzione di questa nostra comune missione. Non tutti potranno essere mandati «in missione» ma tutti devono considerarsi mobilitati per questa missione che apre possibilità a tutte le attitudini nei suoi tre settori: clero, laicato maschile, laicato femminile.

Preghiere, studi, esperienze, superfluo di attività, contatti di pulpito, di confessione e di spirituale direzione, aggiornamento di vita spirituale, tutto in funzione anche di questa missione.

Non intendo fare della «poesia», ma tracciare delle direttive di formazione e di apostolato. Raccoglierle, viverle, realizzarle; ecco il miglior dono per il mio 35° di sacerdozio, a raggiungere la vetta del quale – il 50° – mancano ancora due settenni, che vivrò o non vivrò – lo sa il Signore – ma che, nella misura in cui mi verranno concessi dalla Divina Misericordia, dovranno essere dedicati a svolgere questa missione e a formarvi a questa missione. [...]

«L'accessorio», il «temporaneo» non ci indugi; il «campanile» della Madonnina non ci chiuda l'orizzonte; le «preferenze e le contingenze di apostolato» non ce lo limitino; il «poco» compiuto non ci veli l'immenso che resta a compiere; la «grande missione» ci giustifichi ogni esigenza di formazione e di vita, anche se extra o ultra le Costituzioni, a interpretarsi nel periodo di esperimento, più nello spirito che nella lettera, a buon giudizio di chi presiede[3].

Mi chiedevo: «Che cosa dal padre e dalla Madonnina è stato in noi trasmesso? Che cosa è promanato da lui come spiritualità, come qualche cosa di caratteristico, che distingue noi in mezzo a tutti gli altri sacerdoti [...]?». E ho fatto questa riflessione: io penso che si possa dire che accanto al padre e in questa Casa ed anche nelle altre, che in tempi di emergenza l'hanno temporaneamente rimpiaz-

[3] Circolare agli Oblati di Cristo Re, 13 giugno 1943.

zata e sostituita, turbinavano molte idee. Il padre stesso si compiaceva di dire che non gli rincresceva che qualcuno lo chiamasse: «Padre del contingente». Quante cose sorgevano all'orizzonte, tante lo colpivano, tante lo attraevano e a tutte avrebbe voluto dare il «la». «Se vuoi delle idee – mi diceva un giorno – te ne do fin che vuoi». [...]

Ma queste due idee, queste due realtà, già da quando noi venimmo qui, le abbiamo trovate qui [...] sono entrate nel nostro spirito: Eucaristia e Gerarchia.

Eucaristia. Ecco, padre, è il ricordo – soprattutto per noi che siamo più vecchi alla sua scuola – di quella Messa che lei diceva, come la sta dicendo in questo momento, con quella vivezza di fede che faceva dire a noi giovinetti, e giustamente anche ai fedeli: «Celebra come se vedesse il Signore!». [...] Il Santissimo, vero sole eucaristico, esposto prima nella cappella interna della Casa, poi in questo Tempio, tutti i giorni con una puntualità che non decampava mai, né col mutuare delle stagioni e neanche con il variare dell'anno scolastico, ci vedeva liberi adoratori, sacrificare qualche momento di ricreazione o, qualche volta, accorciare il sonno o ritardare il riposo. [...] Il centro, il motore vero e valido di tutta la vita – che qui vibrava e pulsava attraverso il turbinare di tante cose che potevano accadere e passare – era per sempre questa: l'Adorazione eucaristica.

L'altra idea valida e permanente è il senso vivo della Gerarchia ecclesiastica. [...] Era l'impostazione stessa [...] che grado grado è venuta assumendo questa Casa di preseminario, che non poteva presentarsi se non come eminentemente disinteressata in fatto di vocazioni. [...] È una realtà che ci è stata proposta, che abbiamo fatto nostra, che abbiamo in qualche modo cercato di codificare, di vivere, della quale – per parte mia – devo umilmente riconoscere davanti al Signore che, forse non siamo stati degni di mantenere, ma che in se stessa è un valore che dura e non può essere lasciato in disparte.

Monsignor Giuseppe Bonfiglioli[4]

[4] *Il discorso commemorativo di mons. Bonfiglioli ai sacerdoti ex alunni*, in «La Voce della Madonnina», 6 (1958).

1950
ASCETICO

Anno Santo: anno speciale per tutti, e in particolare per chi fa della santità il centro del suo apostolato. Ecco perciò che padre Enrico immediatamente pensa a come servire affinché l'Anno Santo possa far maturare tutti i suoi frutti spirituali. La cosa più semplice e immediata è andare incontro alle esigenze dei pellegrini che affluiranno verso Roma, facendo della casa di Sestri un luogo di ospitalità che curi la preparazione spirituale di coloro che desiderano compiere il proprio pellegrinaggio nel suo senso autentico.

Viene messa a disposizione tutta la casa per vivere momenti di ricarica fisica e spirituale per i pellegrini, e la riuscita di questa opera di accoglienza conferma padre Mauri nell'aver avuto la giusta intuizione. È proprio di ciò che in questo momento il mondo, mentre si sta risollevando dalla guerra, ha bisogno per orientare le coscienze di uomini e donne verso il bene, e non disperdersi nelle nuove situazioni, in una società italiana anch'essa in ricostruzione dopo gli anni della dittatura, in una cultura in ricerca di interpretazioni che reggano la complessità del presente.

Il Papa stesso, Pio XII, spronerà tutti i credenti a fare del proprio meglio per un mondo che «occorre rifare dalle fondamenta»[1]. È una visione che in molti faranno propria, inaugurando tentativi ed esperienze di vario genere. Alcune di esse esprimono un desiderio di «riconquista» di un mondo percepito come colpevolmente allontanatosi da Dio, ma si fermano a un livello superficiale dell'esperienza religiosa. La percezione di padre Mauri è invece rivolta alla profondità, alle dimensioni fondamentali della vita di fede. Ciò che più serve in questo momento è un *apostolato ascetico*; un apostolato cioè che aiuti le persone a rivolgersi consapevolmente a Dio, autore e Signore della vita, sola garanzia di un'esistenza piena e feconda, e le sostenga nel cammino verso la santità. Padre Enrico sente il richiamo ad aiutare ogni persona a vivere in primo luogo la dimensione spirituale dell'esistenza, nel rapporto personale con un Dio che cerca l'uomo e lo ama con trasporto e assolutezza di Sposo.

Il «terzo tempo» dell'Opera Madonnina del Grappa sarà dedicato a questo: prenderà la forma di un Centro di spiritualità e di apostolato, e tutte le energie saranno indirizzate a dare un contributo qualificato e qualificante affinché nella Chiesa italiana si diffondano l'impegno a suscitare il desiderio della santità di vita e il metodo che la renda effettivamente percorribile. È questo l'annuncio che padre Mauri dà su «La Voce della Madonnina» alla fine del 1950, e da subito si mette al lavoro per realizzare il nuovo progetto.

Per padre Enrico questo passaggio è particolarmente importante, perché vi è giunto acquisendo una chiarezza di visione che forse non aveva mai avuto in precedenza sulla propria missione all'interno della vita della Chiesa.

[1] Pio XII, *Discorso agli uomini di Azione Cattolica*, 11 febbraio 1952.

Il «filone d'oro» dell'idea della santità ha raggiunto la luce; lo scopo della vita sacerdotale di padre Mauri è del tutto chiaro, ed egli riverserà tutte le sue potenzialità creative a perseguirlo, innestando ogni idea e ogni progetto nell'Opera Madonnina del Grappa posta al servizio di esso.

È interessante il metodo rigoroso con cui padre Mauri affronta la prospettiva del Centro di spiritualità e di apostolato; la trasformazione non avviene d'improvviso, ma secondo un itinerario con tappe cadenzate. Padre Mauri, Rosa Glisenti e Luisa Pirotta deliberano già in occasione della Festa di Cristo Re del 1951 la costituzione dell'Opera nella nuova veste, elaborando il primo schema di Statuto. Poiché il respiro che l'Opera vuole avere è a dimensione della Chiesa italiana, padre Mauri punta a coinvolgere delle personalità eminenti, ecclesiastiche e laiche, nei livelli direttivi e progettuali del costituendo Centro, e a dargli una struttura molto precisa.

È monsignor Cavagna, il vecchio amico Assistente della GF, a indirizzare padre Mauri alla conoscenza di monsignor Pietro Canisio Van Lierde, un vescovo impegnato come Sacrista di Sua Santità e vicario generale per la Città del Vaticano, e particolarmente sensibile alle tematiche spirituali, per l'organizzazione del primo Corso di apostolato ascetico, significativamente rivolto ai sacerdoti, nel 1955; Cavagna ha colto le affinità tra padre Enrico e il vescovo e ha visto giusto. La sintonia tra i due è pressoché immediata, e padre Mauri trova in questa nuova amicizia una fonte di grande consolazione; avere accanto una personalità di questa taglia, e che soprattutto ha a cuore le stesse cose per cui lui agisce, gli dà sicurezza e attribuisce autorevolezza alle attività del Centro.

Il triennio 1954-1957 è di sperimentazione e vede la realizzazione dei primi Corsi di apostolato ascetico; nel 1956 si svolge il primo Corso dedicato al laicato. Viene quindi formata una Consulta allo scopo di ideare i Corsi; padre Mauri chiede a monsignor Van Lierde di esserne il presidente, ed egli accetta, assumendo un incarico che onorerà fino alla morte, nel 1995; di essa vengono a far parte, accanto ai padri Mauri e Vanoni e alle due oblate Maria Francesca Brunelli (in servizio presso il Centro nazionale dell'Unione Donne di AC) ed Elvira Visintin (propagandista nazionale della GF), i monsignori Corrado Ursi, vescovo di Nardò, Pietro Fiordelli, vescovo di Prato, e padre Mario Piazzano C.S.G. per il Clero regolare, nonché i laici Giuseppe Lazzati e Giuseppe Criconia: tutte scelte ben ponderate, allo scopo di dare garanzia di iniziative di alto livello.

I Corsi riescono benissimo, sono molto apprezzati e attirano parecchio pubblico, che spesso ritorna da un anno all'altro per avvalersi di un contributo per diversi aspetti unico, nell'ampio panorama ecclesiale italiano. Viene posta molta attenzione ad avere oratori di buon livello e a trattare temi legati a quella che viene percepita come attualità spirituale, e in particolare ponendo l'accento sui compiti del clero, del laicato e della famiglia in ordine all'apostolato ascetico, poiché ciascuna di queste realtà può offrire un servizio specifico per la santificazione:

> Un Clero eletto per virtù e scienza dei santi, dà alla Chiesa un Laicato e una Famiglia cristiana parimenti eletti.
> Un Laicato in ascesa spirituale, vivente nell'ambito della famiglia e dell'apostolato, irradierà nella famiglia di cui è membro e forse fattore, e nello stesso Clero, cui opera nel campo apostolico, calore di cristiana santità.
> La Famiglia, aperta e vivente l'ascesi familiare, costituirà il primo vivaio di Sacerdoti e Laici santi che alla loro

volta riverseranno la ricchezza della loro spiritualità nel Sacerdozio e nella famiglia di cui sono membri[2].

In pochi anni i Corsi giungono a funzionare a pieno regime, susseguendosi l'uno dopo l'altro; durano in genere una settimana e alternano Corsi per preti – in un'ottica di aggiornamento ascetico, dottrinale, pastorale – a Corsi per laici – nubili, spose, vedove, fidanzati, coppie di sposi; in ordine alla consacrazione a Dio, all'apostolato ascetico, all'ascetica nuziale –. Tra i relatori che di anno in anno si alternano troviamo autentiche personalità come i vescovi Enrico Bartoletti, Emilio Guano, Ugo Poletti, preti che diventeranno vescovi come monsignor Franco Costa, monsignor Carlo Cavalla, padre Carlo Maria Martini, don Dionigi Tettamanzi, religiosi come padre Giampaolo Paludet e padre Raimondo Spiazzi, laici come Oscar Luigi Scalfaro, Enrico Medi, Carmela Rossi, Gesualdo Nosengo.

Il successo dei Corsi, però, non appaga del tutto padre Mauri. Si rende conto, infatti, che molti partecipanti, anche assidui, delle iniziative della Madonnina non sembrano sviluppare verso l'Opera quell'affetto che a lui parrebbe naturale, limitandosi ad usufruire dei suoi servizi; è un limite che gli sembra di vedere nei membri della stessa Consulta. Scrive a monsignor Van Lierde qualche anno più tardi:

> Forse noi ci siamo preoccupati più dell'organizzazione e buon svolgimento dei Corsi che del creare fra i partecipanti e il centro dell'Opera quella amicizia spirituale che dell'Opera fa ricordare, anche quando si è lontani dal suo Centro e dalle sue iniziative. [...]

[2] [E. Mauri], *Clero, Laicato, Famiglia obiettivi di santificazione dell'Opera*, in «La Voce della Madonnina», 8-9 (1956), articolo non firmato.

Se la scelta dei temi e dei Maestri è determinante sul concorso dei Corsisti, il collegamento di questi, trasformandoli da alunni in amici dell'Opera, di questa assicurerà la efficiente continuità.
Per me, pertanto, prima di suscitare nuovi focolai di apostolato ascetico, è indispensabile meglio amalgamare le molte centinaia di Sacerdoti e di laici che hanno frequentato i nostri Corsi[3].

Se quello che conta è «l'Idea», a padre Mauri non basta diffondere «buone idee»: ciò che gli sta a cuore è che chi passa attraverso un'esperienza formativa così mirata come quella offerta dalla Madonnina mostri di esserne stato conquistato, e che si crei un tessuto di relazioni che renda ognuno più saldo nel proprio apostolato ascetico. Questo era, per esempio, l'intento del primo Corso per i sacerdoti:

Il «Corso» non ha solo lo scopo di «aggiornamento» ma anche di gettare le basi di una «Alleanza ascetica sacerdotale» [...]. Nessun impegno particolare di vita spirituale [...] ma solo di un collegamento fraterno, fatto di corrispondenza, di incontri individuali e collettivi, di segnalazioni, di esperienze, di scambio di pubblicazioni per «aiutarsi a vicenda» a svolgere sempre più e sempre meglio la missione ascetica nelle anime a ciascheduno affidate[4].

Padre Enrico, da parte sua, è sempre stato un uomo che tende la mano, che cerca legami, che vorrebbe unire le forze e cementare gli sforzi per raggiungere i risultati più alti. È stato in relazione con molte delle personalità più significative del suo tempo, parecchie delle quali de-

[3] Lettera a mons. Pietro Canisio Van Lierde, 26 marzo 1961.

[4] E. Mauri, *Per una alleanza ascetica sacerdotale*, in «La Voce della Madonnina», 12 (1954).

stinate a futuri processi di beatificazione: da monsignor Ferrari a monsignor Schuster, da don Orione a don Alberione, da monsignor Roncalli a don Calabria, dalla Barelli a Lazzati, da padre Lombardi a monsignor Giaquinta, da don Folci a padre Gemelli; si è tenuto al corrente di tutto ciò che si muove nel panorama cattolico italiano, immaginando e talvolta proponendo sinergie con questa o quell'altra esperienza, mai geloso del proprio orticello e anzi pronto a mettersi da parte, perché di se stesso dice di avere «sempre avuto questo destino, da parte di Dio, di accendere delle Opere e poi di metterle nelle mani di Esponenti che meglio vi corrispondano»[5].

Padre Enrico ha la capacità di vedere ogni persona come infinitamente preziosa, e di avere la comprensione quasi immediata dei fatti e delle esperienze in ordine al regno di Dio. E ha esercitato queste doti singolari soprattutto in un ministero, curato da sempre in maniera esemplare, quale la direzione spirituale.

Molte delle donne che hanno incontrato l'Opera Madonnina del Grappa hanno avuto l'opportunità di colloqui spirituali e di confessioni con padre Mauri, e alcune hanno consolidato negli anni un rapporto continuato di vera e propria direzione spirituale, svolta di persona e assai spesso per corrispondenza. L'epistolario con esse, gran parte delle quali spose, è assai vasto, e preziosissimo perché testimonia la cura, la delicatezza, l'ampiezza di vedute e la capacità di direzione con cui padre Mauri tiene fede a un impegno che considera essenziale del suo essere prete.

C'è anzitutto una grande capacità di ascolto; è quella che lo ha guidato, già dai primi tempi del suo sacerdozio,

[5] Lettera a mons. Pietro Canisio Van Lierde, 22 febbraio 1958.

a comprendere i bisogni profondi delle persone incontrate. E c'è una singolare capacità di comprensione dell'universo femminile, della sua peculiarità, della sua sensibilità, della sua particolarità spirituale. Si tratta di un dono speciale, e ci si può chiedere quali siano le sue fonti umane; forse proprio la mancanza della madre lo ha reso in special modo desideroso di comprendere il mistero della donna; e forse il bimbo e il ragazzo senza madre ha scrutato le donne della sua famiglia adottiva per cogliere quel mistero. In particolare, è stato probabilmente il rapporto con la sorella Virginia[6] a rendergli familiare la vicinanza della donna e a fargli considerare come normale la possibilità di una comunione spirituale con lei.

La dedizione con cui padre Enrico svolge il compito della direzione spirituale è davvero grande. Risponde con sollecitudine alle lettere che gli arrivano, perché sa che la vita spirituale è nient'altro che la vita così come si svolge, ed è necessario essere tempestivi; segue perfettamente il filo degli accadimenti della vita delle persone che gli scrivono, non ne dimentica nulla e risponde a tono senza eludere nessun argomento, affrontando con estrema delicatezza anche le tematiche più intime della vita coniugale. Sa rispettare i tempi e i ritmi della spiritualità di ciascuno, confermando quando è il caso, sostenendo se la persona vacilla, spronando se la avverte seduta, consolando nella prova, aprendo spiragli di speranza, guidando a volgersi al bene.

Si può dire che, se il volto più esteriore di padre Mauri lo si vede nelle numerose realizzazioni tangibili e nelle iniziative, per avere la piena percezione del suo essere uomo di Dio occorre considerare proprio la sua immensa

[6] *Vedi* a p. 8.

e, ovviamente, pubblicamente nascosta opera di accompagnamento spirituale. La sua grandezza è visibile nell'esercizio di quello che pare essere il «suo» ministero più autentico, con la capacità di fare del proprio cuore una casa accogliente per la vita di tante e tante persone, per lo più donne, ciascuna custodita di fronte al Signore – con la sua storia, le sue doti e i suoi limiti, le sue ferite – come una cosa preziosissima.

Padre Mauri rivela una conoscenza straordinaria dell'animo umano e delle dinamiche spirituali che in esso agiscono, e si pone di fronte ad esse conscio dell'altissima funzione sacerdotale che riveste. Racconta una delle sue figlie spirituali:

> Austero, ma non rigido, ispirava confidenza, ma bloccava la familiarità; ci si apriva con fiducia fino alle più intime fibre dell'anima, però non sarebbe stato possibile scostarsi da un'atmosfera strettamente religiosa. Freddezza? No, assolutamente! Invece, infondeva calore. Piuttosto riserbo sacerdotale, stile di cristiana aristocrazia, che non consente di valicare alti confini nettamente delineati. E stavi, dinanzi al padre, con affettuosa e autentica riverenza, sempre. [...] Nei colloqui tagliava corto, non nel senso di limitare il tempo che dedicava, anzi, rimaneva ad ascoltare con attenzione e pazienza anche un'ora, se necessario. Mai, però, una parola superflua. Nella lettera, invece, si diffondeva a specificare, a chiarire[7].

Altra peculiarità che si coglie nella direzione spirituale esercitata da padre Mauri è la comprensione autentica della vita laicale, di cui sa cogliere quanto i dati più immediati e spiccioli della quotidianità siano proprio quelli in cui i laici giocano continuamente la propria fedeltà al

[7] Testimonianza di Anna Frassati Fanton, in A. Di Medio, *Padre Enrico Mauri. Prete santo e dinamico*, cit., pp. 85-86.

Signore. Sono quegli aspetti che a una visione superficiale potrebbero sembrare magari poco «spirituali», o non attinenti alla dimensione della fede, facili da tralasciare per tenersi a un piano apparentemente «alto» dei discorsi spirituali. Per padre Mauri invece non è così; percepisce con nettezza che, poiché tutto va orientato verso Dio, non esiste un aspetto anche banale della vita nel mondo che sfugga a questa necessità. Colpisce ad esempio come abbia attenzione alla dimensione della corporeità e della sua concretezza, per cui, quando è il caso, affronta in una luce spirituale l'importanza di curare la propria persona e temi come l'igiene o l'uso della cosmesi, o come valuti con cura le relazioni familiari delle persone, o come tratti il tema dell'uso del denaro.

Sembra quasi che il sacerdote a tutto tondo quale è padre Mauri sia in possesso di una speciale capacità che gli rende possibile immaginare nei particolari la vita dei laici proprio quasi come la vivesse lui stesso, e nel frattempo mantenendo il distacco che gli permette di valutarla «con gli occhi di Dio», per poi riverberarne la visione santa a coloro che gli sono affidati per camminare nella santità. È una forma speciale di sapienza, un dono particolare che il Signore gli ha fatto e che egli ha saputo coltivare, nutrendolo eucaristicamente.

Per questo le persone si affidano a lui sentendosi pienamente accolte, comprese e rese più vicine al Signore: perché il suo modo di guidarle trasmette loro la certezza che nulla di ciò che è autenticamente umano resta fuori dall'amore di Dio.

Per lui la vera frontiera è contribuire alla santificazione del laicato. Colpisce la sua meditazione «in vista della Messa d'oro», pubblicata su «La Voce della Madonnina» quando ancora manca più di un anno a quel traguardo (si prepara per tempo, tanto gli anniversari sono per lui significativi!): ricordando che un santo sacerdote, celebrando il suo cinquantesimo di Messa, vide il suo altare circondato da una folla di sacerdoti, religiosi, missionari e suore che a lui dovevano la vocazione (definite «"spighe d'oro" di primissimo valore») osserva:

> Ma a me piacerebbe leggere che in questo secolo XX, attorno all'Altare della Messa d'oro di tanti Sacerdoti, vi fossero altresì altre *auree spighe*, da loro seminate, coltivate, maturate nel campo dei Laici che li hanno coadiuvati nel longevo loro apostolato! [...] Vergini e sposati, piccoli e grandi fioriti per Iddio nella famiglia, nella scuola, nel lavoro, nei solchi della vita sociale, privata e pubblica. [...] Non soltanto anime da salvare, ma anche anime da santificare, non solo candidati al Sacerdozio o alla vita religiosa e missionaria, ma anche candidati ad infiorare il Mistico Corpo di Cristo di fanciulli, adolescenti, giovani, sposi, lavoratori, uomini d'ogni ceto e compito sociale che, lavorati dallo Spirito Santo, in cooperazione col Sacerdote, sono destinati a splendere sugli Altari come gli Eletti del secolo XX[8].

Per la sua lucidità è una splendida anticipazione della visione della Chiesa che sarà sancita dal Concilio Vaticano II: popolo di Dio i cui membri sono tutti chiamati alla santità, segnati dalla comune dignità proveniente dal battesimo; popolo di sacerdoti, profeti e re a cui è affidato il mondo affinché sia evangelizzato, e in cui i diversi ministeri compongono un'armonia di comunione e missione che rende la Chiesa all'altezza del suo compito. Ed è anche l'intuizione di ciò che durante il pontificato di Giovanni Paolo II si sarebbe poi avverato, cioè la proclamazione di numerosi beati e santi laici.

[8] E. MAURI, *In vista della Messa d'oro «aurea messe»*, in «La Voce della Madonnina», 7 (1956).

Del resto, la sua convinzione della priorità dell'apostolato ascetico per il momento presente non è frutto di una teorizzazione: si fonda proprio sulla conoscenza diretta di ciò che vede agitarsi nell'intimo delle persone che incontra, e ciò lo rende fortemente critico delle esperienze ecclesiali che rischiano di disperdere le energie laicali perché non rettamente indirizzate. Neppure la tanto amata Azione Cattolica, infatti, sfugge al suo occhio penetrante. Padre Mauri prevede un calo dell'attenzione alla spiritualità rispetto al «fare», dei programmi rispetto ai contenuti, che sarà più evidente negli anni successivi e richiederà un ricentramento sul primato della vita spirituale che sarà sancito dal nuovo Statuto postconciliare del 1969.

Del resto, i tempi per un cambiamento epocale sono maturi, anche se pochi sono preparati a comprenderlo, specie in Italia. Così, quando Angelo Roncalli diviene papa, nel 1958, padre Enrico saluta con gioia autentica l'ascesa di colui che ben conosce come uomo di Dio, e quando l'anziano pontefice annuncia – tra la sorpresa di tutti e la costernazione di molti – l'intenzione di indire un Concilio ecumenico, percepisce immediatamente la portata di innovazione che esso sarà in grado di introdurre nel corpo ecclesiale. Padre Enrico ha tante speranze nel Concilio, e avrà il tempo di riceverne le più autorevoli e consolanti conferme delle sue intuizioni.

Sfogliando la raccolta del Bollettino della Madonnina, dalle sue origini ad oggi, registrazione fedele dello sviluppo dell'Opera dal suo nascere, nel succedersi delle diverse manifestazioni della sua attività – benefica, apostolica, ascetica – una linea ora confusa, ora evidente, si rivela costante che sale su su, verso l'alto, ora a zig zag, ora diritta, sempre verticalmente e cioè: la mai smentita tendenza a cogliere dalle masse pie manipoli di anime da consacrare al Signore. [...]

Oggi, fatta centro di spiritualità e di apostolato, l'Opera ha raggiunto il vertice delle sue aspirazioni in un programma chiaro e definito di seminagione e di coltivazione di aspirazioni a consacrarsi a Dio nel secolo.

Dall'embrione di trent'anni fa all'albero odierno; dalle esperienze alle realizzazioni, da una paternità e maternità spirituale più matura, più provata, più esperta a nuove generazioni, dai zig zag della linea verticale, alla linea retta brevissima.

Così doveva avvenire perché un'altra verticale non aveva ondeggiato come la verticale umana, cioè l'Adorazione eucaristica quotidiana che, istituita nella Cappella interna dell'Opera, nel 1924, fra la incomprensione dei più perché inconsueta in un'Opera assistenziale, costituiva il segno e la garanzia del destino ascetico dell'Opera, di cui venne a costituire l'asse divino.

Dal vertice della pietà eucaristica che è l'Eucaristica Adorazione può ben emergere il vertice della vita cristiana, che è la consacrazione della vita al Signore[9].

Non una fucina di Sacerdoti, ma un movimento sacerdotale nella luce sgorgata dalla Santità apostolica di S. Carlo Borromeo. Non una falange di laici per l'Azione Cattolica

[9] HISTORICUS [E. MAURI], *Verticalmente*, in «La Voce della Madonnina», 4 (1954).

ma un movimento spirituale inteso a potenziare la vita interiore delle falange dei laici dell'Azione Cattolica. Non un centro di apostolato che gareggi con quello dell'Azione Cattolica, ma un centro ispiratore di interiori ed apostolici ardimenti. Visione di ieri, visione di oggi, visione di domani a realizzare la quale occorrono non molti Sacerdoti, ma Sacerdoti idonei che sentono la bellezza di una vita e di un apostolato eminentemente ascetico; non molti Laici, ma Laici idonei che sentono l'incanto di cooperare al Sacerdote in un apostolato eminentemente ascetico; non istituzioni ed opere, ma oasi spirituali in cui elevare le anime; non missionari che in Patria o all'estero si consacrano alla conversione degli infedeli o al consolidamento della vita cristiana, ma missionari – Sacerdoti e laici militanti nelle vie dell'apostolato – che stimolano ad ascendere nelle vie del Signore[10].
In tanto lavoro lo scrivente è sempre stato giudicato un «fissato» per iniziative di apostolato ascetico, nelle quali scivolava ad ogni svolta della sua attività sacerdotale. Era uno stimolo superiore alla volontà, che, soffocato, riappariva; dirottato, ritornava sulla pista, contrastato si vendicava e si è oggi placato nell'impostazione dell'Opera come centro di ascetico apostolato[11].

Che cosa può sembrare più semplice e normale di una irradiazione ascetica tra i membri della Chiesa? Eppure, dopo quattordici anni di continui rapporti con il sacerdote Enrico Mauri, devo testimoniare ch'egli possedeva

[10] E. Mauri, *Nella scia di care celebrazioni*, in «La Voce della Madonnina», 6-7 (1952).

[11] E. Mauri, *La vocazione all'apostolato ascetico e una esperienza sacerdotale*, in «La Voce della Madonnina», 4 (1958).

«qualche cosa» che difficilmente si ravvisa intorno a noi: l'intuizione profonda delle istanze della vita spirituale e l'amore appassionato e genuino che le fa diventare motivo di un apostolato incessante.

Per me questo è stato il carisma autentico di Padre Mauri: non solo comprendere l'ascetica come sorgente di apostolato, ma amarla e volerla come finalità costante verso cui tendere con tutta l'anima, con intelligenza, volontà, cuore e giovanile dinamismo di organizzazione e collaborazione.

Non è stato sempre facile seguire l'ardente e ardito apostolo in tutti i suoi movimenti e in quel suo dinamismo dalle espressioni talvolta insoddisfatte e impreviste e mutabili, mai illogiche, ma è fuori dubbio che in Padre Mauri si è stagliata con tratti inconfondibili la figura del pioniere della vita spirituale, intesa come meta costante di un lavoro apostolico diretto a tutti del Clero e del Laicato. Tra i laici sottolinea come missione, carica di insostituibile attualità ed efficacia, quella dei laici consacrati al Signore. Caratteristica genuinamente «sua» la spiritualità e l'ascetica aperte e insegnate ai coniugi.

È piuttosto rara la figura del sacerdote che con intuizione profonda e originale, con amore puro e disinteressato, con tenacia invincibile ama e prosegue, soffre ed offre per le conquiste ascetiche di Cristo, da Padre Mauri contemplato e predicato come «Sposo» della Chiesa e quindi di tutti coloro che la compongono.

Per me, Padre Mauri è una gemma del Clero italiano.

Pietro Canisio Van Lierde[12]

[12] P. C. Van Lierde, *Padre Mauri, pioniere dell'apostolato ascetico*, in «La Voce della Madonnina», 5-6 (1967), p. 10.

1960
NUZIALE

Nell'agosto 1960 padre Mauri ha quasi settantasette anni. Da quando è prete, e sono più di cinquant'anni, ha condotto una vita dai ritmi altissimi, costellata di eventi e di imprese, di viaggi e di patemi d'animo, di progetti incessanti e incalzanti, e in tutto questo il suo fisico non certo prestante («Sono sempre stato un coccio di salute» è la sua battuta ricorrente) ha incredibilmente sorretto l'apostolo, infliggendogli qualche seria battuta d'arresto che non ha però impedito la sua missione. Una vita di azione tenuta insieme e vivificata dalla continua contemplazione del mistero di Dio.

Ma non c'è certo da stupirsi se ora il cuore ha un cedimento: è infarto, e la vita cambia. Ci vogliono tre mesi per riprendersi, ma non è più come prima. Basta viaggi, bisogna riguardarsi e avere cautela. Comincia così l'ultima fase della vita terrena di padre Enrico, che ora ha ancora più tempo per meditare, dedicarsi alla direzione spirituale e al riordino delle sue intuizioni teologiche e spirituali, preoccuparsi del presente e del futuro dell'Opera.

Pochi mesi prima è avvenuto un evento importante: si è tenuto il primo Corso di apostolato ascetico per coppie di sposi: «Lo Spirito Santo artefice dell'ascesi familiare».

Padre Enrico ha potuto vedere un segno significativo di uno dei suoi sogni spirituali più grandi: sposi che possono acquisire piena consapevolezza delle potenzialità santificatrici presenti nel matrimonio cristiano.

Nel suo pensiero, infatti, da molti anni ormai c'è la consapevolezza che sacerdozio e matrimonio sono i due sacramenti determinanti per la costruzione del «mondo migliore», come recita lo slogan che traduce nella vita ecclesiale del momento la spinta impressa da Pio XII:

> Due grandi Sacramenti: l'uno che incarna il Sacerdozio di Cristo; l'altro che incarna la Nuzialità di Cristo e che, a chi li vive, prospettano la perfezione di Cristo Sacerdote e di Cristo mistico Sposo della Chiesa. Avvalorare nella coscienza cristiana i due grandi Sacramenti, sempre rispettando la gerarchia dei medesimi; accalorare il vivere a perfezione sì eletti stati sacramentali, insegnare come questa perfezione si attui in forza del rispettivo Sacramento, ecco un compito ascetico che dovrebbe essere largamente sentito[1].

E senz'altro è sentito da lui che, mentre ha approfondito in prima persona, attraverso la propria esperienza, il sacramento del sacerdozio, ha sempre più focalizzato, nell'esercizio del suo ministero, una riflessione sul sacramento del matrimonio. A partire dagli anni Trenta, sull'onda della *Casti connubii* di Pio XI e in base all'attenta osservazione di quanto la direzione spirituale delle spose gli rivelava, ha coltivato una sempre più approfondita considerazione del matrimonio cristiano, partendo dalla sua radice sacramentale per giungere ad osservarne le più minute pieghe, nell'ottica della santificazione degli sposi e del mondo attraverso di essi.

[1] [E. Mauri], *Verso il mondo migliore. Nel vivere a perfezione due grandi Sacramenti*, in «La Voce della Madonnina», 5 (1953), articolo non firmato.

Si è tenuto al corrente di come i teologi e i movimenti di spiritualità familiare stanno innovando il pensiero e la prassi ecclesiali, più all'estero che in Italia; ha letto gli autori più importanti antichi e moderni e sta al passo con le novità che di volta in volta emergono.

Nella sua assidua vita di contemplativo dell'Eucaristia, padre Mauri ha individuato con sempre maggiore chiarezza un nucleo teologico fondamentale, che ha illuminato una visione complessiva della storia della Salvezza e del ruolo delle diverse vocazioni in essa. Lo definisce come *nuzialità*, e ha il suo centro nella realtà di Dio che ama l'uomo con amore di Sposo. È un dato ampiamente presente nelle sacre Scritture, a partire dall'Antico Testamento (si pensi al libro del profeta Osea, o al Cantico dei Cantici) per giungere al Nuovo, come nella Lettera agli Efesini in cui san Paolo assimila l'amore tra il marito e la moglie a quello tra Cristo e la Chiesa. «Questo mistero è grande», conclude Paolo, ed è il mistero che padre Enrico ha contemplato a lungo, vedendo nel volto di Cristo il volto dello Sposo che ha amato fino a dare se stesso sulla croce, talamo delle nozze tra Dio e l'umanità. Il matrimonio cristiano riflette le nozze tra Cristo e la sua Chiesa, e per questo padre Mauri lo chiama il Grande Sacramento.

Padre Mauri ha attinto la nuzialità dalla Scrittura e dai Padri della Chiesa, e nei diversi stati di vita vede delle differenti modalità per vivere l'unica unione nuziale di Cristo con la Chiesa:

> Le tre consacrazioni hanno uno stesso «mistero» a fondo: il mistero nuziale di Cristo con la sua Chiesa che in diverso grado collega a Cristo Sposo la vergine, la sposa e la vedova.
>
> La vergine e la vedova in forza di una loro scelta ed elezione a mistiche spose di Cristo, senza diaframma e interposti amori; la sposa attraverso al Grande Sacramen-

to, che così può chiamarsi appunto per riferimento al mistero nuziale di Cristo e stringe fra le spose e Cristo un rapporto, sia pure attraverso il diaframma dell'amore umano, che apra la via a quei mistici rapporti con Cristo che le affiancano alle vergini e alle vedove a Cristo sacre[2].

In questa radice egli fonda il grande impegno profuso per la santificazione del matrimonio, che lo ha condotto a sviluppare una intensa catechesi del matrimonio in chiave ascetica.

Si tratta di un corpo di riflessioni, considerazioni teologiche e spirituali, insegnamenti dai fondamentali ai più concreti, che si è formato lentamente negli anni, in modo sempre più maturo e ispirato.

Padre Mauri si è reso conto che le spose cristiane sono lasciate sole a vivere il proprio matrimonio, perché la formazione loro offerta in gioventù si ferma alle soglie delle nozze, senza neppure presentare loro ciò che succederà da quel giorno in poi, con l'esito tristissimo di generare tutta una serie di paure, incomprensioni, inadeguatezze che invece di far decollare la vita cristiana la deprimono e talvolta la affossano nella desolazione.

È un limite della formazione in essere nel mondo cattolico dell'epoca, come racconta una delle sue figlie spirituali:

> Ai nostri tempi, nessuno ci preparava al matrimonio: da una accentuata coltivazione della purezza, ricevuta nell'Azione Cattolica, si doveva passare al matrimonio ignare di ciò che la nuova vita riserbava: era un salto nel buio. Mancava una stampa cristiana adeguata e libri che trattassero questo argomento. Non si aveva il corag-

[2] E. Mauri, *Spunti per «istruzioni particolari» agli stati. Nei corsi esercizi 1961*, documento SCN-A/032 (Senza data) in Archivio Opera Madonnina del Grappa.

gio di parlare col confessore perché non si sapeva come esprimersi, e quando ci si azzardava a chiedere qualcosa, ci si sentiva rispondere «sì» o «no», il che lasciava più dubbiose di prima[3].

Per numerose spose, incontrare padre Mauri è perciò la scoperta di un mondo nuovo, in cui il matrimonio cristiano viene presentato come un campo da coltivare per ricavarne frutti di santità per sé, per il coniuge, per i figli e per la società. Padre Enrico si dedica infatti a portare luce in una situazione di confusione e di buio:

> Sulle verità e realtà della vita umana, qual è nel disegno di Dio che la creò, pesa ancora tanta ignoranza che è fonte di deviazioni ed errori e spesso di colpe. Il rilievo vale per ogni concreta forma della vita dell'uomo e vale soprattutto su ciò che forma il destino della quasi totalità degli uomini: la vita nuziale, della quale si ignorano le divine origini, le divine impostazioni, i divini destini. [...] È tutta una foschia, più o meno fitta, che adombra questo stato di vita, che è lo stato della maggioranza dell'umanità creata e redenta[4].

Il matrimonio sgorga dall'opera creatrice e redentrice di Dio, e va presentato

> in una progressiva ascesi che dalla perfezione naturale della vita nuziale si eleva a quella soprannaturale e sacramentale, per raggiungere le altezze che possono essere conquistate nella più perfetta incarnazione del mistero nuziale di Cristo e della Chiesa, sua mistica sposa[5].

[3] E. Curridor ved. Fabbro, *Ero sposa da pochi mesi*, in *Padre Enrico Mauri. Hanno detto di lui...*, supplemento a «Voce della Madonnina», 6 (1996), p. 13.

[4] E. Mauri, *La vita nuziale all'ordine della natura e della grazia e dell'amore*, appunto indirizzato a Erna Curridor, 27 aprile 1958.

[5] *Ibidem*.

La sua catechesi, sedimentata nell'arco di almeno un ventennio in cui si è svolta soprattutto nella direzione spirituale, comincia a essere messa su carta all'inizio degli anni Cinquanta, per consentire soprattutto alle Oblate di avere sottomano degli appunti organici. È interessante il metodo con cui padre Mauri costruisce i suoi scritti. Egli considera le spose più sensibili come delle attive collaboratrici della sua catechesi; sa di poter affrontare i vari temi della vita coniugale con concretezza e a ragion veduta perché spose e vedove gli aprono il proprio cuore e squadernano di fronte a lui la vasta problematica dell'ascetica matrimoniale. Perciò egli prende sul serio fino in fondo questo contributo, sottoponendo i suoi appunti alle spose a cui chiede con umiltà autentica valutazioni, indicazioni, integrazioni e sperimentazioni.

È interessante anche come non dia mai per scontato che l'acquisizione dei contenuti più importanti della sua catechesi nuziale sia avvenuta; spesse volte anzi è assai critico su quanto della grandezza della visione del matrimonio che egli vuole trasmettere sia stato effettivamente recepito dalle spose oblate, e ne trae spinta per continuare a proporla e ad esortarle nel cammino.

Ne emerge una vera e propria opera di apostolato della nuzialità che padre Mauri, con l'aiuto di alcune Oblate, fa all'interno e all'esterno della Madonnina; un apostolato per cui occorre però muoversi con prudenza, perché la grande parte del mondo cattolico, e in particolare del clero, non è pronta ad affrontare certi temi; un'oblata, impegnata nell'Azione Cattolica femminile in diocesi di Milano, racconta la sua esperienza di incontri con le donne nelle parrocchie:

> Per paura che fossi avvicinata durante o dopo la conferenza, quando le incoraggiavo a esporre richieste di

spiegazione su eventuali difficoltà, venivo interrotta con diverse scuse e perfino accompagnata al treno. Un parroco rifiutò perfino di lasciarle sole con me qualche momento perché potessero espormi i loro problemi con libertà, come desideravano[6].

È necessaria prudenza, perché certi discorsi sul matrimoni fanno storcere il naso a parecchi e provocano reazioni anche ad alto livello; sono gli anni in cui il presidente della Gioventù di AC Carlo Carretto scrive *Famiglia, piccola Chiesa* e si vede costretto a ritirarlo dalle librerie.

In giro per l'Europa circolano riflessioni ed esperienze, che padre Mauri conosce e valuta criticamente; la sua posizione vuole essere equilibrata:

> Siamo fra due poli: il lirismo franco-belga-tedesco in argomento, che finisce ad esaltare la carne a danno dello spirito, e il manicheismo di certa letteratura italiana di parte nostra che, per esaltare lo spirito, rinnega la funzione della carne. Noi stiamo nel giusto mezzo, ma fra i due fuochi e perciò dobbiamo procedere con ogni prudenza. Le linee che il padre vi ha tracciato e vi traccia, sono ispirate a questa prudenza, a questo senso di misura[7].

Misura che non è semplicemente equilibrio umano, ma desiderio di rimanere nel solco del magistero e di non creare disorientamenti nelle persone.

Di manicheismo parla a ragion veduta, perché ha avuto un vivace scambio di corrispondenza con padre Colosio, domenicano di Fiesole, della «Rivista di ascetica e mistica», in merito al quale commenta così:

[6] A. Pietroboni ved. Villa, *Un raggio di luce per gli sposi*, in *Padre Enrico Mauri. Hanno detto di lui...*, supplemento a «Voce della Madonnina», 6 (1996), p. 21.

[7] Lettera a Erna Curridor, 28 aprile 1961.

Pensi che un Direttore di Rivista ascetica e mistica è giunto ad affermare che il Matrimonio è via alla santità solo se è vissuto in perfetta continenza, perché il rapporto nuziale crea un cielo plumbeo che non lascia vedere Iddio! E che gli sposati che hanno usato del Matrimonio non dovrebbero accostarsi al banchetto eucaristico, senza purificarsi la coscienza ecc. ecc. Io l'ho richiamato, ma egli è cocciuto nella sua idea. Con queste mentalità che sono in giro – all'antitesi della nostra catechesi – il procedere prudentemente è saggezza, per non guastare il buon processo[8].

Il suo pensiero è invece che la donazione reciproca degli sposi nell'atto nuziale risponda pienamente al desiderio di Dio, perché Egli ha elevato un atto naturale alla dimensione di un sacramento. La donazione nuziale è donazione di due persone sacre, rese tali dal battesimo e consacrate dal matrimonio; il talamo degli sposi è come un altare su cui si depongono due ostie sante, per divenire una sola carne (*una caro*) secondo il comandamento del Signore. È rimasto «stupito e molto confortato» da un'espressione del teologo tedesco Matthias Joseph Scheeben, che definisce il matrimonio come una «Chiesa nella carne». L'*una caro* è per padre Mauri l'atto che fa dei due una sola persona, la persona coniugale. La carne è dimensione positiva dell'essere umano, poiché assunta da Cristo nel farsi uomo e destinata a risorgere con Lui:

> Povera carne! Tutti a condannarla dimenticando che è impasto divino da Cristo purificato e destinato a dare il sensibile nell'invisibile azione sacramentale e ad essere ostia pura, santa, immacolata anche al talamo nuziale[9].

[8] *Ibidem*.
[9] Lettera a Erna Curridor, agosto 1961.

Nella vita matrimoniale lo sposo cristiano riflette come immagine Cristo, sposo della Chiesa, e la sposa la Chiesa, sposa di Cristo. Questo non è un dato teorico, e padre Mauri invita le spose a prenderlo sul serio: l'amore per il consorte va tenuto vivo, esercitando la capacità di vedere in lui Gesù anche nei momenti di freddezza.

Padre Mauri scrive pagine bellissime per esortare le spose ad aver cura di sé, per presentare allo sposo la bellezza e la freschezza dell'amore, per suscitare attrattiva e desiderio. Affronta temi intimissimi del rapporto sessuale con una delicatezza di terminologia e di modi tale che chi legge si ritrova con le idee perfettamente chiarite e allo stesso tempo sente che sta trattando di un mistero di fede. Gli sposi cristiani che egli desidera non hanno paura né del sesso né dell'amore; egli li introduce in una visione della vita nuziale che non è certo tutta rose e fiori, ma che vivendo consapevolmente nel Signore permette di assaporare in pienezza il gusto della vita e di essere fecondi in ogni dimensione della quotidianità.

Indice della capacità di padre Mauri di non tralasciare i temi più delicati e di tenersi al corrente delle novità è il fatto che egli si occupi con molta serietà anche del problema della limitazione delle nascite, invitando alcune spose a interessarsi del metodo Ogino-Knaus quando ancora il dibattito sulla sua liceità è in pieno svolgimento tra gli specialisti.

Un limite che egli stesso avverte nel procedere della sua catechesi è che questa impostazione, così innovativa e liberante, sia percepita e vissuta solo da uno degli sposi; i percorsi formativi dovrebbero a un certo punto fondersi, diventare uno solo, già a partire dal fidanzamento, per poter crescere insieme nella preparazione al Grande Sacramento e continuare poi nel cammino ascetico comune.

Se ancora nel 1961 non gli sarà permesso di organizzare in diocesi di Milano, presso Villa Annunciata, un Corso per coppie di fidanzati e di sposi analogo a quelli sperimentati alla Madonnina, l'esigenza è però sempre più sentita, e il Concilio anche su questo darà un indirizzo decisivo.

Ma ancora oggi possiamo dire che, dopo che tanta strada è stata fatta dalla pastorale del matrimonio e della famiglia, e dopo un approfondimento teologico che ha portato a delle acquisizioni capitali nel Magistero della Chiesa, l'annuncio della chiamata alla santità nella vita coniugale mantiene ancora tutta la sua carica dirompente, e attende di essere pienamente recepito dalle comunità cristiane.

Padre Mauri sa di non essere un teologo, e sente questo come un limite, non per sé ma per i contenuti della sua catechesi, che avrebbero bisogno di una sistemazione teologicamente più rigorosa per fare più agevolmente strada nella Chiesa. A più riprese tenta di coinvolgere alcuni teologi più direttamente nell'attività della Madonnina, proprio per colmare questa lacuna, ma il desiderio che l'Opera abbia un «suo» teologo non si realizza.

In questi ultimi anni, padre Mauri torna a più riprese su un tema che non ha mai cessato di occupare il suo cuore paterno: la vedovanza. Gli anni della seconda guerra mondiale hanno visto il nostro Paese popolarsi nuovamente di donne rese vedove dal conflitto: nel loro cuore si è rinnovata la tragedia che padre Enrico ha contemplato da vicino trent'anni prima. Ma, contrariamente ad allora, non è stato possibile architettare una qualche forma di apostolato che le potesse accomunare: «L'iniziativa avrebbe incontrato lo scoglio della divisione fra vedove di caduti delle forze nazi-fasciste e quelle della Liberazione»[10].

Egli vede però quanto sarebbe forte la necessità di un vero e proprio movimento vedovile, capace di seminare a larghe mani tra il folto numero delle vedove l'autentica visione cristiana di questo stato di vita: una visione di vita piena, non mortificata ma ancora feconda. Padre Mauri ha attinto l'ispirazione di questa visione anzitutto dagli scritti di sant'Ambrogio, che è stato uno dei suoi principali punti di riferimento teologico, di cui ha meditato a lungo i libri *De Virginibus* e *De Viduis*, e che «presenta la vedovanza cristiana come "un bene" e definisce la vedova come: "Maestra della fede e maestra della castità", e cioè maestra del vivere soprannaturale e del vivere casto in ogni stato di vita: verginale, coniugale, vedovile»[11].

C'è quindi una vocazione e una missione propria della vedova, all'interno della nuzialità della Chiesa, che la comunità ecclesiale dei primi secoli sapeva cogliere e valorizzare. Padre Mauri spiega così quanto tutto ciò gli stia a cuore:

> Chi scrive fu autorevolmente [da Pio XI, ndr] chiamato «*pater viduarum*» [«padre delle vedove», ndr]: lo è in senso ascetico e mistico, della vedovanza in quanto aperta e chiamata a seconde nozze, non con umana creatura ma con Cristo Signore coscientemente o inconsapevolmente amato nello sposo compianto, che di Lui è l'immagine sacramentale. Di queste «vedovanze» conquistate all'amore nuziale con Cristo, vorrei essere padre, al di là della schiera delle vedove oblate[12].

[10] E. Mauri, *Itinerario spirituale della Vedovanza cristiana*, opuscolo, 1957.

[11] E. Mauri, in AA.VV., *Il valore spirituale della Vedovanza*, 1966.

[12] Circolare alle Oblate di Cristo Re, aprile 1955.

Egli sa, per la sua lunga esperienza di guida spirituale, che far entrare le vedove nella dinamica della nuzialità le restituisce alla vita vera:

> Quando una vedova ha compreso che può essere ancora sposa, non di un uomo mortale ma di Cristo che non muore, e godere le gioie, i conforti, gli aiuti dello Sposo divino per sé e la corona dei figli suoi, non piange più. Il suo volto si illumina; il sorriso riappare; la rassegnazione si fa abbandono; l'isolamento si riempie di Cristo[13].

Nel 1964 si tiene il primo Corso di studio sulla vedovanza cristiana, intitolato «Un tesoro da riscoprire». È il primo mattone del nuovo progetto, ma il suo grande desiderio si avvererà solo un anno dopo la sua morte, con la nascita del Movimento Vedovile che nel 1985 assumerà il nome di «Speranza e vita».

Ha invece il tempo di godere di una grande gioia, perché il 24 maggio 1966 perviene alla Madonnina la notizia che l'Istituto delle Oblate ha ricevuto il riconoscimento come Istituto secolare di diritto pontificio: il *Decretum laudis* emesso dal Vaticano sancisce la bontà delle nuove Costituzioni elaborate da padre Mauri con le sue Oblate. È per lui il coronamento di una lunga avventura e la conferma definitiva per il suo impegno investito da sempre nella guida delle anime alla consacrazione per l'apostolato nel mondo.

Mentre dedica gli anni dopo l'infarto a ricapitolare la sua lunga esistenza, il Concilio, aperto l'11 ottobre 1962, sta facendo la sua strada, che passo passo giunge a rinnovare in modo profondo la percezione che la Chiesa ha di se stessa e del suo rapporto con il mondo. Nelle quattro Costituzioni emanate dal Concilio vengono accolte le ispira-

[13] *Ibidem*.

zioni al rinnovamento che da decenni stavano lavorando, più o meno alla luce del sole o sotto traccia, sui vari fronti della vita ecclesiale. La *Dei Verbum* accoglie il cammino fatto dal movimento biblico internazionale e mette al centro la Parola di Dio, sancendo il diritto di tutti i fedeli a leggerla, meditarla e contemplarla. La *Lumen gentium* supera l'immagine della Chiesa società perfetta per mettere in primo piano il popolo di Dio in cammino verso il Regno. La *Gaudium et spes* apre a un rapporto con il mondo contemporaneo senza più giocare in difesa ma impegnando la Chiesa alla ricerca dei segni del Regno di Dio nella storia. La *Sacrosanctum Concilium* accoglie le spinte al rinnovamento liturgico spalancando le porte alla liturgia in lingua volgare. E le Dichiarazioni e i Decreti, che portano a sedici i documenti conciliari, precisano la portata di questo rinnovamento su diversi fronti: dal presbiterato all'apostolato dei laici, dalla vita religiosa alla missionarietà, dall'ecumenismo alla libertà religiosa, dalla comunicazione sociale all'educazione cristiana...

Per padre Mauri il Concilio rappresenta un passaggio meraviglioso. Per lui che da sempre ha saputo stare in perfetta sintonia con la storia, cogliendo immediatamente – e spesso prima degli altri – le possibili conseguenze degli accadimenti e le possibilità di apostolato racchiuse in essi, gli orizzonti che il Concilio apre sono fonte di un inarrestabile presentarsi di idee, prefigurazioni, nuovi sogni...

Il Concilio gli ha dato la conferma più autorevole che alcune sue intuizioni fanno effettivamente parte del disegno di Dio; ha affermato solennemente la dignità e la santità del matrimonio e della famiglia[14], ha spalancato di

[14] Cfr. CONCILIO VATICANO II, *Gaudium et spes*, nn. 47-52.

fronte ai laici la strada della santità e della missione nel mondo[15], ha proclamato l'universale vocazione alla santità nella Chiesa[16].

Ora sa che si apre la fase più delicata: la strada è tracciata, ma occorre che molti operai si mettano al lavoro nella vigna. La Chiesa del Concilio non crescerà da sola; bisogna che tante persone si spendano con dedizione e passione alla sua costruzione. Da parte sua, continua a fare progetti. Le idee gli vengono a raffica. Ma, allo stesso tempo, sa di non avere più né il tempo né le forze, e sempre più affida a chi resterà il compito di fare ciò che lui non potrà più fare:

> Dunque Elio Donato [indirizzo della sede romana, ndr] rimane vuoto e noi dobbiamo disdirne l'affitto. Il nostro centro di Apostolato ascetico non può installarvisi e irradiare da Roma. *Fiat*! Mancano le persone! Avrei sognato – sempre sognatore! – di accendervi una fiamma, ma mi mancano i fiammiferi viventi. Addio Roma! Sestri e poi basta! È malinconico pensarvi!
> Mi ero illuso degli approcci con l'Unione Apostolica di combinare qualche cosa, ma le forze non lo consentono. Eppure un Centro di apostolato ascetico, associato alla Unione Apostolica, avrebbe fatto bene. Ma ormai come di autunno cadono le foglie, così nel mio autunno!
> Eppure con le aperture del Concilio! Stiamo a vedere le conclusioni pratiche e le risonanze positive.
> Io sono però d'avviso – forse perché è mia indole – che, se non ci sono uomini *non* ordinari che la bandiera conciliare agitino, il Concilio sarà [solo, ndr] una data storica[17].

[15] Cfr. Concilio Vaticano II, *Lumen gentium*, nn. 30-38 e *Apostolicam actuositatem*.

[16] Cfr. Concilio Vaticano II, *Gaudium et spes*, nn. 39-42.

[17] Lettera a mons. Luigi Piovesana, Vigilia di San Carlo Borromeo 1966.

È ormai tempo di andare. Alla fine di aprile del 1967 il cuore del padre segnala di non avere più energie da spendere. Viene ricoverato in ospedale e vi sta una quindicina di giorni. Nessuno si fa illusioni. Vengono a trovarlo alcuni tra i parenti e gli amici più cari: vescovi, sacerdoti, coppie di sposi, oblate, vedove. Molti pregano dalle loro case. Molti chiamano la casa di Sestri per avere notizie.

Appena le forze gli tornano per qualche tempo, intrattiene chi gli è vicino esprimendogli i pensieri che incessantemente lo attraversano: ricordi della sua vita, trasporto e riconoscenza verso Dio, amore per la Madonna, progetti. Dell'Opera dice:

> La nostra non deve essere un'Istituzione qualsiasi, ma qualificata nella linea del Concilio, con una accentuazione spiritualmente eucaristica ed una caratterizzazione familiare. Questa è la mia idea.

E di sé: «Se avessi forze, farei ancora degli spropositi!!!».

Il 9 maggio viene riportato a casa, per consentirgli di morire dove e come ha vissuto, circondato dai volti familiari e amorevoli dei suoi figli e figlie in Cristo. Il giorno dopo, verso le 18:30, accompagnato nella preghiera, nella sua umile stanza della Madonnina, consegna la sua anima allo Sposo.

Il mistero nuziale di Cristo non ha avuto quella illustrazione, nella letteratura cristiana, che ebbero altri misteri, quali il Sacerdozio e la Regalità; perciò le anime, che a Dio si consacrano in questa luce, debbono avere quella profonda conoscenza del mistero, che le rende sempre più e meglio consapevoli del significato e del valore della loro consacrazione.

Che Cristo sia non solo Sommo Sacerdote e Re, ma anche Sposo, è affermazione di fede, che nella Sacra Scrittura e nella Tradizione cristiana trova il più solido fondamento, la cui dimostrazione lasciamo alla penna dei Teologi. A noi basta quello che scrive S. Paolo agli Efesini, parlando delle nozze cristiane che incarnano il mistero nuziale di Cristo e della Chiesa, e che S. Agostino commenta, estendendo il pensiero Paolino allo stato verginale.

Ci piace riepilogare questa dottrina ed asserzione nella parola del Papa S. Innocenzo I: «È sposo chi ha una sposa, e Cristo ha una sposa: una sposa nobile, ricca, decorosa, casta, graziosa, che è la Chiesa».

S. Paolo era felice di avere disposato un mondo di belle anime a Cristo, unico sposo (cfr. 2 Cor 11,1-2); felicità che vorrei condividere con Paolo, moltiplicando le anime verginali, nuziali, vedovili, che in Cristo Sposo incentrano il loro amore[18].

[18] Circolare alle Oblate di Cristo Re, aprile 1962.

Avevo sete di luce e chiedevo con insistenza al Signore la grazia della luce vera, chiara, da potersi tradurre in pratica. Un giorno ricevetti dal Centro Diocesano di Azione Cattolica un invito [...] per un incontro di spose. Col permesso di mio marito vi andai e vidi un sacerdote, venuto da Milano, per parlare della santità del matrimonio. Era padre Enrico Mauri.

Ciò che diceva mi riempiva il cuore: era quello che cercavo. Però, terminato l'incontro, a sera tornai a casa più angustiata di prima: bello ciò che il Padre diceva, ma non era per me. Io non avrei mai saputo e potuto attuare lo stile di vita che egli mi proponeva. E mi decisi a scrivergli.

Fu l'inizio di una scuola che durò per diciotto anni. Senza che me ne accorgessi, egli dovette demolire l'errata struttura del mio io per ricostruirmi passo per passo, con molta pazienza, costanza e dolcezza, secondo la luce che aveva ricevuto dallo Spirito Santo [...]. Santificarsi non nonostante il matrimonio, ma attraverso l'uso del Matrimonio sacramento per contrapporre al dilagare della profanazione, per riparare, per chiedere grazie, fino al punto di farne un atto di preparazione al Banchetto eucaristico: prendere l'umanità del consorte per tuffarlo nel divino Cristo eucaristico, oppure viceversa: ricevere Gesù-Eucarestia per donarlo, irradiarlo e innestarlo nell'umanità del marito. Affermazioni sublimi, da farmi venire il capogiro ancora oggi, quando ci penso.

Talvolta non gli bastava seguirmi per iscritto, riteneva utile un incontro ed allora mi invitava alla sua Casa. Ricordo le sue delicatezze direi quasi materne. Mi faceva accompagnare dalla signora Turello affinché mio marito non si preoccupasse per il viaggio. La prima volta mi invitò a Villa Annunciata e mi scrisse: «Arrivata in stazione a Milano, si prenda un cappuccino caldo».

Quasi sempre la sera, prima del ritorno a casa, mi faceva trovare in camera una busta con il rimborso della spesa del viaggio (e pensare che mi invitava per il bene mio e della famiglia): non voleva che ciò incidesse sul modesto bilancio di famiglia. Altre volte, per farmi accettare la somma, diceva: «Porti ai suoi bambini le caramelle del padre».

Più volte mi scriveva: «Leggo la sua dopo averla posata sull'altare durante il Santo Sacrificio». E ancora: «Le spedirò questa mia dopo averla tenuta sull'altare durante la Celebrazione eucaristica». Così gli scritti, pur delicati, non recavano ombra di turbamento.

Erna Curridor[19]

[19] E. Curridor ved. Fabbro, *Ero sposa da pochi mesi*, in *Padre Enrico Mauri. Hanno detto di lui...*, supplemento a «Voce della Madonnina», 6 (1996), pp. 13-14.

2000
FECONDO

Per ogni opera la morte del fondatore rappresenta in un certo senso il momento della verità: ci si chiede se riuscirà o meno a sopravvivere, e nella risposta si va a cercare la conferma della bontà dell'intuizione di chi l'ha generata, se non della sua «bravura» o, in campo cattolico, della sua santità. In certi casi è anche una tentazione, che coglie soprattutto coloro che hanno guardato con scetticismo quell'opera quando ancora l'ideatore era in vita: «Stiamo un po' a vedere se era tutto oro ciò che luccicava...».

Nel caso di padre Mauri, a quasi quarant'anni dal suo passaggio alla Vita, la sua Opera dimostra piena attualità. Non solo è rimasta in vita, ma pare che più il tempo passa più si mostri vivace e adeguata a ciò che la Chiesa e il mondo chiedono ai cristiani consapevoli.

È stata guidata da padre Carlo Vanoni nei primissimi anni dopo la morte di padre Mauri, fino a che, nel 1970, lo ha raggiunto in cielo. Ha continuato la serie ininterrotta dei Corsi di apostolato ascetico, sotto la guida di monsignor Van Lierde fino alla sua morte nel 1995 e poi ancora fino ad oggi, di volta in volta aggiornando temi e modalità di attuazione. Ha dato vita al movimento vedovile

«Speranza e vita» e curato il suo sviluppo, promuovendo corsi di formazione per le animatrici e varie attività. Ha proseguito a curare un vasto programma di proposte per la formazione spirituale: giornate di spiritualità, ritiri, esercizi spirituali rivolti a sposi, vedove, fidanzati, sacerdoti, religiosi e religiose.

Alla villa di Sestri e a Villa Annunciata in Casaglia di Besana Brianza, nel Milanese, si è aggiunta Casa La Rocca a Malcesine, in provincia di Verona. Dal 1975 al 2000 l'Opera ha animato Casa San Benedetto in Fossato di Vico (diocesi di Assisi-Nocera Umbra) e dal 1978 al 1995 Casa Maris Stella in Santa Maria di Leuca (diocesi di Ugento). Dal 2001 ha intrapreso l'animazione pastorale dell'Oasi Tabor a Nardò-Cenate, in provincia di Lecce, per conto della Diocesi di Nardò-Gallipoli. Inoltre è stata aperta nel 2003 una casa a Roma per offrire alloggio ai membri dell'Opera che risiedono nella capitale, recuperando l'antico nome di «Regina Apostolorum» che padre Mauri aveva assegnato alla sede romana alla fine degli anni Venti.

Negli ultimi anni, il contributo di alcuni sacerdoti vicini all'Opera ha consentito l'innesto del discorso sulla nuzialità nel pieno dell'attualità della riflessione teologica e pastorale della Chiesa italiana e di concepire ulteriori sviluppi di fecondità.

Il nerbo dell'Opera continua ad essere il suo primo virgulto, vale a dire l'Istituto Secolare Oblate di Cristo Re, riconosciuto di diritto pontificio nel 1966, di cui sono membri effettivi nubili e vedove consacrate, e spose in qualità di aggregate.

Il movimento vedovile «Speranza e vita», sorto nel 1968, concretizza il sogno di padre Mauri di un vero e proprio movimento che sappia proporre alle persone vedove l'autentica visione cristiana della propria condizione, di rapporto nuziale che prosegue oltre la morte trovando in Cristo Sposo la sua pienezza.

Nel 1992 è nata l'Associazione Amici della Madonnina, che riunisce persone e famiglie aventi l'intento di sostenere l'Opera, le sue attività e diffondere il suo carisma spirituale.

Nel novembre 2002 è stata costituita l'Associazione Sposi in Cristo, formata da coppie di sposi che si riconoscono «figli» di padre Mauri in quanto catturati dalla sua visione nuziale e si impegnano a diffondere il senso del matrimonio cristiano alla luce del mistero nuziale di Gesù e della Chiesa, nei vasti campi di azione offerti dalla Chiesa e dal mondo[1].

È attualmente in fase avanzata la formazione di una Società di vita apostolica con il nome di Fratelli Oblati di Cristo Sposo,

> i cui membri vivono il carisma della nuzialità nella forma comune al proprio ministero, per aiutarsi ad essere nella Chiesa immagine di Cristo Sposo e per aiutare l'Opera nella sua spiritualità e nella sua missione[2].

Inoltre, l'Opera ha avviato in tempi recenti una presenza missionaria in Rwanda, offrendo alla Chiesa locale la propria specifica visione ecclesiale in modo da servirne le esigenze. Coinvolta da don Tito Oggioni, per dodici anni in Rwanda come missionario *fidei donum* della diocesi di Ugento, fino alla morte sopravvenuta improvvisamente il 19 novembre 2002, l'Opera è stata chiamata inizialmente pensando all'enorme numero di vedove

[1] Cfr. «Voce della Madonnina», 1 (2003), pp. 13-14.

[2] Dal pieghevole *Annuncio gioioso di un dono che è per tutti* in distribuzione presso l'Opera Madonnina del Grappa.

causate dagli spaventosi eccidi della guerra che ha insanguinato a lungo il Paese africano. Gli sviluppi della sua azione sono attualmente indirizzati sui fronti delle vedove, delle famiglie e della dottrina sociale della Chiesa, per la ricostruzione morale e civile della nazione rwandese.

Vergini, vedove, sposi e sacerdoti insieme, coinvolti nello stesso progetto di vita cristiana; un'attività missionaria a trecentosessanta gradi; laici e preti pienamente collaboratori nell'impegno apostolico; un apostolato saldamente innestato sul primato della vita spirituale; l'idea della nuzialità che si fa sempre più strada nella teologia e nella pastorale... nel guardare dal cielo la sua Opera oggi, padre Mauri può vedere alcuni dei suoi sogni più audaci finalmente realizzati.

Il suo lungo lavoro sacerdotale ha lasciato seme fecondissimo, capace di fruttificare a distanza di tempo, manifestandosi attuale e anzi per certi versi ancora oggi in anticipo sui tempi.

L'albero buono si vede dai frutti, come Gesù non ha mancato di insegnarci; ed ora la Chiesa sta approfondendo la ricerca sulla bontà delle sue radici, mediante ciò che viene chiamato «causa di beatificazione». Iniziata il 30 novembre 1996, con l'avvio del processo informativo diocesano sulla vita, le virtù e la fama di santità del Servo di Dio padre Enrico Mauri ad opera del vescovo di Chiavari monsignor Alberto Maria Careggio, ha chiuso tale prima tappa il 25 novembre 2001. Il 6 dicembre 2002 la Congregazione per le cause dei santi ha emesso il decreto di validità del processo diocesano, e sono attualmente in corso i lavori per la stesura della *positio*, vale a dire la raccolta della documentazione conclusiva del processo, cioè di tutto ciò che può motivare la Chiesa a riconoscere la santità della persona in oggetto. Dopo il riconoscimento ufficiale di un miracolo attribuibile al Servo di Dio, la sua figura potrà essere segnalata al popolo di Dio per la venerazione.

Il tempo ci rivelerà a quali conclusioni perverrà la Chiesa. Ciò che comunque possiamo dire è che il «*por bagai*» (povero ragazzo) di scarsa salute, il «povero orfanello» che ha girato l'Italia in lungo e in largo ad annunciare l'amore di Dio e ha consumato la sua vita per mostrare alle anime il volto amoroso di Cristo Re, Sacerdote e Sposo, ha gettato sulla storia uno sguardo lungimirante, guidato dallo Spirito Santo. Ne ha tratto una visione che ancora oggi ci sorregge e ci invita a lasciarci amare da Dio, lo Sposo sempre fedele.

La chiesa parrocchiale di Bosisio Parini, oggi diroccata,
in cui fu battezzato Enrico Mauri

La strada di Bosisio Parini
con la casa natale di Enrico Mauri

La sorella adottiva
Virginia Frigerio
ritratta
in età matura

Monsignor
Giuseppe Villa,
che avviò
Enrico Mauri
al seminario
e lo sostenne
negli studi

Cartolina d'epoca della città di Bobbio

Giovedì, 9 Luglio 1903. PERIODICO SETTIMANALE ANNO I° — Num. 1.

LA TREBBIA

Conto corrente colla Posta

Abbonamento
Annuo franco nel Regno . . . . L. **2,50**
Estero . . . . » **4,50**
Un num. separato cent. **5** — Arretrato cent. **10**

— REDAZIONE —
Piazza Vittorio Em. II°, n. 7
BOBBIO

Per le corrispondenze d'ogni genere dirigersi alla Redazione. — L'Ufficio di Redazione è aperto tutti i giorni non festivi dalle 14 1/2 alle 17. — Annunci funebri L. 0,25 la linea o spazio di linea.

LE VICENDE DELLA SETTIMANA

Papa Leone XIII aggravatissimo

43 milioni; l'intero blocco non piacque al Senato che fece parecchie restrizioni. — La visita del Re d'Italia alla Francia rimane fissata per il 17 luglio. — Scioperi e agitazioni di mietitori nel Ferrarese, di fornai a Udine e ad Ancona, di saponai a Bari, di scaricatori di carbone nel porto di Genova. —

Il primo numero del giornale diocesano di Bobbio «La Trebbia», di cui don Enrico Mauri fu assiduo collaboratore tra il 1908 e il 1915

Monsignor Luigi Maria Marelli, vescovo di Bobbio
dal 1908 al 1915, di cui don Enrico Mauri fu segretario

La chiesa di S. Gregorio a Milano

Manifestazione della Gioventù Femminile
di Azione Cattolica

Il giovane padre Enrico Mauri

Luisa Pirotta
vedova Gerosa
affiancò padre Mauri
nell'Associazione
Nazionale Madri
e Vedove
dei Caduti
e nell'Opera
Madonnina
del Grappa

Maria Rosa Glisenti,
tra le prime
collaboratrici
di padre Mauri
nell'Opera Madonnina
del Grappa

Madri e Vedove dei Caduti in pellegrinaggio a Roma nel 1928

Lapide custodita nel Tempio di Cristo Re con la preghiera
delle Madri e Vedove dei Caduti, benedetta da papa Benedetto XV

La villa Glauer-Massone di Sestri Levante, acquistata da padre Mauri per farne la sede dell'Opera Madonnina del Grappa

Ospiti nel giardino dell'Opera Madonnina del Grappa, estate 1923

Gli orfani della Madonnina – con il berretto «Siam figli di Eroi» e la fascia «Ostie di pace» – in pellegrinaggio a Roma nel 1925

Amore di patria nelle aule scolastiche della Madonnina: il saluto alla bandiera italiana

La cappella delle origini, con l'effigie della Madonnina del Grappa
posta sopra il tabernacolo

Orfane e vedove al lavoro nel Laboratorio del Tricolore

Gli orfani al lavoro in tipografia

Padre Mauri, ultimo a destra, in posa con il
Consiglio dell'Opera di S. Pietro Apostolo per il Clero Indigeno

La posa della prima pietra del Tempio di Cristo Re, 16 giugno 1929

Il Tempio in costruzione

Adorazione eucaristica nel Tempio, ancora grezzo internamente

L'arrivo della statua della Madonnina del Grappa,
benedetta da Pio XI (1934)

La famiglia dell'Opera ritratta in occasione dell'ordinazione di Giuseppe Bonfiglioli (4/2/1934); al centro p. Mauri, alla sua sinistra d. Bonfiglioli e p. Vanoni, circondati dai ragazzi del Vivaio apostolico; in alto le madri, accovacciati e vestiti di bianco i piccoli orfani

Il Tempio di Cristo Re completato

Il Vivaio apostolico ritratto di fronte al Tempio nel 1941

Monsignor Angelo Bartolomasi, ordinario militare e grande amico e benefattore della Madonnina, in visita nel 1942

Villa Cristo Re a Erba (Como)

Villa Annunciata in Casaglia di Besana Brianza (Milano)

Padre Enrico Mauri, monsignor Giuseppe Bonfiglioli,
divenuto vescovo, e padre Carlo Vanoni

Padre Carlo Vanoni

PER I CORSI DI ESERCIZI CLERO E LAICATO

preghiera - propaganda - partecipazione

PER IL CLERO

(alla Madonnina del Grappa)

Corso 15-21 Settembre - *nella luce dei Libri Santi, predicato dal Rev.mo Mons. Ongaro Professore di Sacra Scrittura nel Seminario di Verona.*

Corso 13-19 Ottobre - *nella luce della Mariologia, predicato dal Rev.mo Abate di S. Ambrogio di Milano, Mons. Ennio Bernasconi.*

Corso 10-16 Novembre - *nella luce dell'Eucaristia, predicato dal M.R.P. Domenicali del SS. Sacramento di Torino.*

Corso 17-23 Novembre - *nella luce della sovrumanità del Sacerdozio, predicato dal Rev.mo Mons. Pier Carlo Landucci di Roma.*

Corso 8-14 Dicembre - *nella luce della pastorazione delle anime, predicato da un M.R.P. Oblato di Rho.*

Corso 26-31 Gennaio - *nella luce dell'Apostolato ascetico, predicato da S.E. Mons. Stella e P. Mauri.*

PER IL LAICATO

(nelle Case dell'Opera)

Corso 1-5 Settembre - *nella luce dell'ascetica della vedovanza - a Villa Madonnina del Grappa.*

Corso 8-13 Settembre - *nella luce della consacrazione a Dio per nubili, spose, vedove - a Villa Madonnina del Grappa.*

Corso 21-23 Settembre - *nella luce dell'ascetica nuziale per coppie di sposi - a Villa Annunciata.*

Corso 7-12 Ottobre - *nella luce della consacrazione a Dio per nubili, spose e vedove - Villa Annunciata.*

Corso 6-7-8 Novembre - *nella luce della consacrazione a Dio per nubili, spose, vedove - al Cenacolo di Milano.*

Corso 29 Nov. - 2 Dicembre - *nella luce dell'ascetica nuziale per coppie di sposi e di fidanzati prossimi al matrimonio - alla Madonnina del Grappa.*

Corso 31 Dic. - 4 Gennaio - *nella luce dell'apostolato ascetico per signore e signorine - alla Madonnina del Grappa.*

Questo il Calendario dei Corsi di Esercizi dell'Opera che affidiamo alla preghiera, alla propaganda dei nostri lettori, ben felici di averli partecipanti a detti Corsi.

I Maestri sono ben scelti; l'impostazione è interessante; la ospitalità è nota come ricca di attenzioni ed ispirata alla devozione al Clero e all'apprezzamento apostolico del Laicato. Anche la retta, in confronto al trattamento, non teme concorrenze.

La grande e santa figura di Pio XI aleggiante nelle Case Esercizi dell'Opera, associata a quella di Pio X santo e di Pio XII felicemente regnante è auspicio di divino incremento.

Programma dei Corsi presso l'Opera Madonnina del Grappa nei mesi settembre 1957 – gennaio 1958 pubblicato su «La Voce della Madonnina»

Monsignor Pietro Canisio Van Lierde

Corso di apostolato ascetico per il Clero, 1958.
Padre Mauri, con accanto monsignor Van Lierde,
sorride ascoltando la relazione di don Serafino Zardoni

Quarto corso di apostolato ascetico per il Clero, 1958.
Da sinistra Giuseppe Lazzati, mons. Van Lierde, padre Mauri,
mons. Marchesani vescovo di Chiavari
e Maria Francesca Brunelli oblata di Cristo Re

Il tratto sorridente di padre Enrico Mauri

Mons. Van Lierde, padre Mauri e mons. Franco Costa
al tavolo di presidenza di un Corso nel 1956

Oscar L. Scalfaro al 1° Corso di
apostolato ascetico per Laici, 1956

Carmela Rossi, presidente
dell'Unione Donne di AC
al Corso per Laici, 1957

Partecipanti al Corso di apostolato ascetico per coppie di sposi, 1964

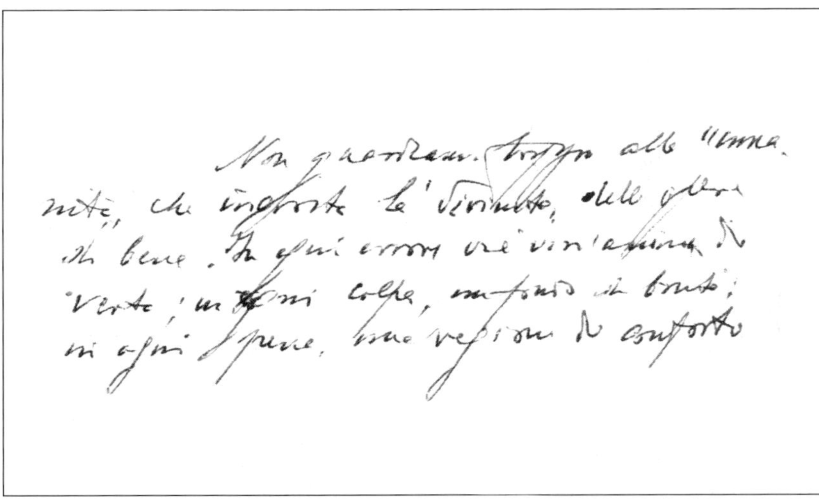

La scrittura elegante e difficile da decifrare di padre Mauri

Padre Mauri

La tomba di padre Mauri nella cripta
del Tempio di Cristo Re a Sestri Levante

La sede di Sestri Levante dell'Opera Madonnina del Grappa oggi

Padre Mauri, costruttore di sogni

1967
EPILOGO

Riaprì gli occhi felice. Le poche cose della sua stanza, il crocifisso su cui aveva posato lo sguardo così tante volte ogni giorno, erano di nuovo attorno a lui. Il viaggio in ambulanza era stato breve, lo sapeva, ma gli era parso non finire mai. Dunque era questo, morire. Avere gli occhi confusi e vedere il mondo così chiaramente come non era mai stato possibile prima. Apparire immobile e attraversare il tempo avanti e indietro senza più obbedire alle sue leggi. Sembrare affondato in un'ovatta impenetrabile e sentire invece ogni voce, sussurro, trapestìo come un segno miracoloso della vita che si presenta nello splendore. Allora era proprio così, come aveva sempre intuito: che in ogni più minuscola parte dell'esistenza è nascosta l'immensa potenza di Dio.

Questo pensiero lo esaltò. La debolezza inarrestabile del suo corpo non era affatto un nemico con cui lottare. Era il piccolo tempio dello Spirito Santo che aveva fatto il suo tempo, combattuto la buona battaglia e ora doveva lasciar sprigionare senza più limiti la grandezza del suo Abitante. Amò il suo corpo come non mai. Ringraziò le sue mani, i suoi piedi, il suo cuore malato. Li salutò con affetto.

Vedeva i volti intorno a sé. Gli bastava sollevare un istante le palpebre per riconoscere quei lineamenti che aveva visto ogni giorno, che aveva osservato invecchiare, che aveva guardato intristire e gioire, faticare e distendersi, indurirsi e commuoversi così tante volte. Li amò, come sempre.

E d'improvviso si accorse di vederne molti di più. Dietro ogni viso ne giungeva un altro, e poi un altro, e un altro ancora. Era quasi una folla, ma era bello, perché più giungevano quei volti amati più c'era spazio, e un'aria di libertà si era impossessata della sua piccola stanza. Il suono della preghiera dei suoi amici, intorno, era ormai come una musica, e la luce si fece sempre più forte.

Il desiderio di Dio lo prese invincibile. Fu una corrente di luce, inarrestabile, maestosa, che lo abbracciò e lo avvinse. Per la prima volta si sentì completamente, pienamente amato fino alla più intima fibra dell'essere. Sentì ogni frammento di sé tendersi per raggiungere la fonte di quell'amore ed esserne parte per sempre.

E mentre si consegnava felice all'immensità di quella corrente d'amore, sentì scorrere in essa, lieve ma inconfondibile, una voce di donna. Non l'aveva mai udita, ma la conosceva da sempre, e lo chiamava dolcissimamente per nome.

Fate voi
per la Chiesa del Concilio
le acrobazie che io
non potrò più fare.

Enrico Mauri

CRONOLOGIA

	La storia	La Chiesa
1883		
1886		
1891	Nasce a Milano la prima Camera del Lavoro.	Leone XIII pubblica l'enciclica *Rerum novarum*.
1893		
1896	Finisce la guerra d'Africa iniziata nel 1894.	Nascita della Federazione Universitaria Cattolica Italiana (FUCI).
1897		
1900	(29 luglio) L'anarchico Gaetano Bresci assassina Umberto I. Gli succede Vittorio Emanuele III.	
1901		
1901		
1902		

(20 gennaio) A Bosisio Parini si sposano Giuseppe Mauri (38 anni, fuochista) e Giuseppina Seregni (22 anni, setaiola). (26 ottobre) Nasce a Bosisio Parini Enrico Antonio Mauri; a quaranta giorni viene affidato alla famiglia Frigerio di Vill'Albese (oggi Albavilla) perché la madre è gravemente ammalata.	1883
(4 settembre) Muore la mamma Giuseppina.	1886
	1891
Enrico viene avviato agli studi in preparazione al sacerdozio da mons. Giuseppe Villa, oblato di S. Carlo, coadiutore a Vill'Albese. Probabile ingresso nel Seminario minore di S. Carlo in Domaso (CO).	1893
	1896
(11 febbraio) Riceve la Cresima nel Seminario vescovile di S. Carlo in Domaso (diocesi di Como) dal vescovo mons. Teodoro Valfrè. (12 agosto) Fa domanda di ammissione al Seminario di S. Pietro Martire in Seveso (MI) per frequentare la seconda classe ginnasiale; vi rimane fino alla quinta ginnasio.	1897
	1900
(23 gennaio) Muore all'ospedale di Gallarate il papà Giuseppe.	1901
Frequenta la prima liceo, presso il Seminario Liceale di Monza (MI).	1901
È nominato prefetto al Seminario di Gorla Minore (VA), per la durata di due anni.	1902

	La storia	La Chiesa
1903	Inizia l'età giolittiana.	
1904	Guerra russo-giapponese.	Scioglimento dell'Opera dei Congressi.
1905	(gennaio) Prima rivoluzione russa. Einstein presenta la teoria della relatività.	Enciclica *Fermo proposito*, con cui Pio X riordina l'associazionismo cattolico. Pio X promuove il culto eucaristico e l'eucaristia quotidiana (decreto *Sacra Tridentina Synodus*).
1906	Nasce la Confederazione Generale del Lavoro (CGL).	
1907		(8 settembre) Enciclica antimodernista *Pascendi Dominici gregis*.
1908		Nasce l'Unione Donne Cattoliche.
1909		
1910		

(21 giugno) Riceve la Tonsura dal card. Carlo Andrea Ferrari. 1903

1904

(18 marzo) Riceve i primi due Ordini minori dal card. Carlo Andrea Ferrari. 1905
Dal Registro scolastico del Seminario Teologico di Milano risulta assente per tutto l'anno 1905-1906 perché ammalato. È comunque promosso e ammesso all'anno successivo.

(9 giugno) Riceve gli ultimi due Ordini minori dal card. Carlo Andrea Ferrari. 1906
(22 dicembre) È ordinato Suddiacono dal card. Carlo Andrea Ferrari.

(25 maggio) Riceve l'Ordinazione diaconale dal card. Carlo Andrea Ferrari. 1907

(13 giugno) Viene ordinato sacerdote nel Duomo di Milano dal card. Carlo Andrea Ferrari. Celebra la prima messa ad Albavilla nella chiesa parrocchiale. 1908
(20 giugno) Inizia il ministero sacerdotale come segretario del vescovo di Bobbio, monsignor Luigi Marelli.
(5 luglio) Pubblica il primo articolo sul settimanale diocesano «La Trebbia».
(4 ottobre) Incontra don Angelo Roncalli presso il santuario della Cornabusa, nel Bergamasco.

(maggio) Partecipa al Congresso Regionale Lombardo della Gioventù Cattolica a Pavia. 1909
(19-25 settembre) Partecipa agli esercizi spirituali predicati da monsignor Morganti a Porlezza.
(27 settembre-2 ottobre) Partecipa alla IV Settimana Sociale promossa dall'Unione Popolare a Firenze.

(26 gennaio) Muore monsignor Giuseppe Villa. 1910
Due indisposizioni gravi (maggio e novembre) impediscono a don Enrico di partecipare agli esercizi spirituali.

	La storia	La Chiesa
1911	Guerra di Libia.	
1912	Suffragio universale maschile per chi sa leggere e scrivere.	Pio X pubblica il *Catechismo della dottrina cristiana*.
1913	Patto Gentiloni tra cattolici e liberali moderati.	
1914	(28 giugno) Assassinio di Sarajevo. (28 luglio) Comincia la prima guerra mondiale.	
1915	(24 maggio) L'Italia entra in guerra.	
1916		
1917	(ottobre) Rivoluzione russa. (24 ottobre) Disfatta di Caporetto.	(1° agosto) Benedetto XV condanna la guerra, definendola «inutile strage». Pubblicazione del *Codex juris canonici*.

(agosto) Partecipa al 58° Congresso Cattolico tedesco a Magonza. 1911
Visita a Monaco la sede del Volskverein, associazione cattolica tedesca.
(agosto-settembre) Presenzia a attività sociali cattoliche a Pavia, Como, Torino, Bergamo e Brescia.
(22 ottobre) Organizza la Festa-Convegno dei Cattolici Bobbiesi.
(12-18 novembre) Partecipa agli esercizi spirituali a Tortona.

(settembre) Accompagna i soci dell'«Associazione studenti secondari cattolici» al pellegrinaggio a Roma della Società della Gioventù Cattolica Italiana. 1912
(settembre) Partecipa al Congresso Eucaristico Internazionale di Vienna e alla 7ª Settimana Sociale a Venezia.

(17-23 agosto) Partecipa agli esercizi spirituali predicati dai Padri della Missione. 1913

1914

(aprile) Segue monsignor Marelli che prende possesso della Sede vescovile di Bergamo. 1915

Don Enrico rientra nella diocesi di Milano, come coadiutore alla parrocchia di S. Gregorio a Milano, accanto a padre Alessandro Marchesi, oblato dei SS. Ambrogio e Carlo. 1916
(5 aprile) Fa domanda di ammissione nella Congregazione degli Oblati dei SS. Ambrogio e Carlo, in cui viene accolto il 4 maggio.
(7 novembre) Don Enrico emette l'oblazione perpetua, assumendo l'appellativo di «Padre» che manterrà per tutta la vita.
(31 dicembre) In una lettera a Giulia Colombo descrive il programma di un'Associazione Femminile distinta dall'Unione Donne di Azione Cattolica, di cui ha concepito l'idea.

(27 novembre) Fonda l'Associazione Nazionale Madri e Vedove dei Caduti, con sede in Milano. 1917

	La storia	La Chiesa
1918	(ottobre-novembre) Crollo degli Imperi centrali. Finisce la prima guerra mondiale.	
1919	Trattati di pace (Versailles). (marzo) Fondazione della III Internazionale. (marzo) Fondazione dei Fasci Italiani di Combattimento; nascita dello squadrismo. (aprile) Approvazione dello Statuto della Società delle Nazioni. Fondazione del Partito Popolare Italiano. (agosto) Nasce la Repubblica di Weimar.	(30 novembre) Enciclica *Maximum illud* di Benedetto XV per l'incremento dell'attività missionaria della Chiesa. A seguito di essa, viene fondato il ramo delle Opere Pontificie Missionarie per il Clero Indigeno.
1921	(gennaio) Fondazione del Partito Comunista Italiano. (13 maggio) Elezioni generali, con soprusi e violenze fasciste; primi fascisti in Parlamento. (novembre) I Fasci si trasformano nel Partito Nazionale Fascista.	

(5 gennaio) Viene dichiarato inabile al servizio militare per «sclerosi polmonare di natura specifica». 1918
(10 marzo) Presso la parrocchia di S. Gregorio Magno in Milano dà vita al primo Circolo delle giovani che formeranno poi la Gioventù Femminile di Azione Cattolica.
(7 novembre) Emette il voto di permanenza nella Congregazione degli Oblati di S. Carlo.
(dicembre) Una violenta influenza fa temere per la sua vita; si riprende dopo una benedizione che il card. Ferrari va personalmente ad impartirgli.

(aprile) Nei giorni 26 e 27 aprile l'Associazione Madri e Vedove dei Caduti celebra il suo primo Congresso Nazionale in Campidoglio. Il 28 aprile le partecipanti, insieme a padre Mauri, sono ricevute in udienza speciale da Benedetto XV. 1919
(19 novembre) Nel coretto di S. Damiano in Assisi, padre Gemelli, padre Mazzotti e padre Mauri danno inizio, con una dozzina di signorine, fra cui Armida Barelli e Giulia Taddei, alla Pia Unione del Regno Sociale di Gesù Cristo Re: nuova forma di vita consacrata secolare.

(2 agosto) Il cardinale Willem Van Rossum, prefetto della Sacra Congregazione di *Propaganda Fide*, su suggerimento di monsignor Roncalli (presidente dell'Opera stessa), nomina padre Mauri Direttore Nazionale dell'Opera Pontificia di S. Pietro Apostolo per il Clero Indigeno. 1921
(28 settembre) Viene costituita la Società Anonima per le Case di Riposo per le Madri e Vedove dei Caduti in guerra con sede in Milano.
(27 novembre) In qualità di rappresentante legale della Società Anonima per le Case di Riposo per le Madri e Vedove dei Caduti in guerra, padre Mauri acquista la Villa Glauer-Massone in Sestri Levante.

	La storia	La Chiesa
1922	(27 ottobre) Marcia su Roma. Mussolini nominato capo del Governo. (11 dicembre) Istituzione del Gran Consiglio del Fascismo.	(22 gennaio) Muore Benedetto XV e viene eletto papa (6 febbraio) il cardinale di Milano monsignor Achille Ratti, col nome di Pio XI. (12 febbraio) Incoronazione di Pio XI.
1923	(novembre) Nuova legge elettorale.	
1924	(aprile) I popolari lasciano il governo ma continuano ad appoggiarlo. Don Sturzo si dimette dal Partito Popolare. Il «listone» fascista vince le elezioni, segnate dalle violenze. (giugno) Assassinio di Giacomo Matteotti; l'opposizione abbandona il Parlamento.	
1925	(3 gennaio) Discorso di Mussolini che segna l'inizio della dittatura.	Con l'enciclica *Quas primas* Pio XI istituisce la festa di Cristo Re.

(7 marzo) Padre Mauri è ricevuto in udienza dal nuovo papa «che lo incoraggia a raccogliere vittime della guerra per farne pie anime votate a Cristo e alla sua Chiesa» e gli suggerisce la figura di santa Francesca Romana come patrona del nascente Sodalizio, che si chiamerà appunto Figlie di S. Francesca Romana. 1922
(2 ottobre) Nasce a Sestri Levante l'Opera «Madonnina del Grappa», così denominata in riferimento alla battaglia sul Monte Grappa (1918) durante la quale la statua della Madonna Ausiliatrice venne colpita da una granata, divenendo così simbolo della donna colpita dalla guerra negli affetti familiari. Scopo principale dell'Opera è l'assistenza materiale e morale alle vedove.

(12 marzo) L'Opera «Madonnina del Grappa» viene costituita legalmente con sede in Sestri Levante come «opera patriottica-benefica-educativa». 1923
(27 marzo) Avvio della riorganizzazione dell'Associazione Madri e Vedove dei Caduti. Viene eletta fiduciaria con pieni poteri la contessa Laura Acquaderni. Padre Mauri ne viene ufficialmente estromesso.
(autunno) Le vedove presenti alla Madonnina iniziano l'esperimento della Comunità, chiamandosi Figlie di S. Francesca Romana, guidate da padre Mauri nell'ideale di una vedovanza casta, alla luce dei consigli evangelici.

(27 febbraio) Monsignor Bernardo Pizzorno, vescovo di Sarzana e Brugnato, concede l'autorizzazione per l'Adorazione Eucaristica quotidiana, da tenersi nella Cappellina della Villa. 1924

(14 febbraio) Il rettore dei seminari di Milano, monsignor Alessandro De Giorgi, chiede a padre Mauri di accogliere presso l'Opera il chierico Carlo Maria Vanoni di Azzate (Varese), per motivi di salute; diventerà il suo più valido e fraterno collaboratore. 1925
(23 agosto) Monsignor Camillo Panizzardi, Ordinario Militare, pone l'effigie della Madonnina ferita – dono del generale Giardino benefattore dell'Opera – sopra l'altare della Cappellina interna dell'Opera, trasformata in Santuario.

	La storia	La Chiesa
1927		
1928	Due voli di Nobile col dirigibile *Italia* al Polo Nord.	
1929	(25 ottobre) Crollo della borsa di New York. (dicembre) Inizia la dittatura di Stalin.	(11 febbraio) Viene firmato il Concordato tra il Regno d'Italia e lo Stato Pontificio (Patti Lateranensi).
1930		Enciclica *Casti connubii* sul matrimonio cristiano.

(11 giugno) Ordinazione sacerdotale di padre Carlo Vanoni, da parte del cardinale Eugenio Tosi di Milano. Il 16 giugno l'arcivescovo lo nomina Assistente dell'Opera Madonnina del Grappa. 1927
(5 novembre) In occasione della festa di Cristo Re, nella Cappellina della Villa viene emessa la prima oblazione da parte di un piccolo gruppo di nubili e vedove che seguono un programma di spiritualità e di apostolato – in una forma della vita comune non canonica – elaborato da padre Mauri.

(8-10 marzo) Durante le Quarantore alla Madonnina padre Mauri matura l'idea di fondare l'Istituto degli Oblati di Cristo Re, secondo lo spirito di san Carlo. 1928
(11 marzo) Inaugurazione dell'Ambulatorio pediatrico per l'assistenza alle madri e ai bambini intitolato a «Margherita Giardino», moglie del generale Gaetano Giardino.

(18 gennaio) Si inaugura a Roma la Casa Regina Apostolorum, già attiva come recapito romano dell'Opera fin dall'autunno del 1928. 1929
(11 febbraio) A Roma, padre Mauri segue in diretta l'avvenimento del Concordato.
(febbraio) Maria Capelli vedova Ferrari, insieme a padre Mauri, scrive le prime Costituzioni del Sodalizio delle Figlie di S. Francesca Romana.
(2 giugno) Padre Mauri è a San Pietro per la beatificazione di don Bosco.
(16 giugno) Posa della prima pietra per l'inizio della costruzione del Tempio presso l'Opera.
Padre Mauri lascia la direzione dell'Opera per il Clero Indigeno, di cui viene nominato consigliere emerito per l'Italia, carica che conserverà fino al 1960.

(13 aprile) Padre Mauri fa consegnare a mano all'arcivescovo di Milano cardinal Schuster i documenti relativi al Pio Sodalizio degli Oblati di Cristo Re già sottoposti al vescovo di Luni (oggi diocesi di La Spezia), monsignor Pizzorno che, nella lettera accompagnatoria, sottolinea «non trattarsi di Congregazione Religiosa». 1930
(26 ottobre) Inaugurazione del Tempio di Cristo Re. Nello stesso giorno benedizione delle fondamenta della nuova Casa dell'Orfano.

	La storia	La Chiesa
1931		Crisi tra Vaticano e governo fascista a causa dell'Azione Cattolica.
1932	«Notte dei cristalli» in Germania.	
1933	(gennaio) Hitler diviene cancelliere. Franklin D. Roosevelt diviene presidente degli USA e lancia il *New Deal*.	Anno Santo straordinario in ricordo della morte e resurrezione di Gesù. (20 luglio) Concordato tra Santa Sede e governo tedesco.
1934	(2 agosto) Hitler si proclama presidente del Reich.	
1935	(15 settembre) Leggi antisemite di Norimberga. Invasione dell'Etiopia.	
1936	(9 maggio) Mussolini proclama la fondazione dell'Impero. (luglio) Inizia la guerra civile spagnola.	
1937		Enciclica *Mit Brennender Sorge* con cui Pio XI denuncia il razzismo e le violazioni tedesche del Concordato.
1938	(marzo) *Anschluss* (annessione) dell'Austria alla Germania. Emanazione in Italia delle leggi razziali.	
1939	(22 maggio) Patto d'Acciaio tra Italia e Germania. (1° settembre) Le truppe tedesche invadono la Polonia. Inizia la seconda guerra mondiale.	(10 febbraio) Muore Pio XI. Viene eletto papa Eugenio Pacelli, con il nome di Pio XII.

	1931
(marzo) Padre Mauri lancia l'iniziativa di riprodurre in Santuario gli stemmi dei Comuni d'Italia, in vista della consacrazione dei Comuni stessi alla Madonna del Grappa.	1932
	1933
(4 febbraio) Nel Piccolo Tempio di Cristo Re, per mano di monsignor Giovanni Costantini, vescovo di Luni, solenne ordinazione sacerdotale di Giuseppe Bonfiglioli, primo orfano di guerra accolto alla Madonnina.	1934
	1935
(6 febbraio) Con decreto del vescovo di Luni, monsignor Giovanni Costantini, il Piccolo Tempio di Cristo Re viene denominato «Santuario Eucaristico Mariano». Inaugurazione solenne con mons. Bartolomasi e mons. Costantini.	1936
	1937
Padre Mauri partecipa a un convegno in Svizzera presieduto da padre Gemelli sull'idea della consacrazione laicale.	1938
Partecipa ai funerali di Pio XI ed è a Roma per l'elezione di Pio XII. (maggio) Depone sulle tombe dei santi Pietro e Paolo le Costituzioni della triplice Famiglia degli Oblati: sacerdoti, laici uomini e donne.	1939

	La storia	La Chiesa
1940	(10 giugno) L'Italia entra in guerra.	
1941	(22 giugno) Attacco tedesco all'URSS, che entra in guerra. (7 dicembre) Attacco giapponese a Pearl Harbor. Gli USA entrano in guerra.	
1942		
1943	(25 luglio) Mussolini perde il potere e viene arrestato. (8 settembre) Armistizio con gli Alleati. La Germania occupa il territorio dell'ex alleato italiano. (9 settembre) Nasce la Repubblica Sociale Italiana. (settembre) Costituzione del Comitato di Liberazione Nazionale. (13 ottobre) L'Italia dichiara guerra alla Germania.	

(giugno) Rimane bloccato dal ripetersi dei suoi disturbi polmonari che gli impediscono di parlare e gli impongono di sospendere ogni spostamento. La sua attività apostolica subisce una battuta d'arresto fino a tutto ottobre. 1940
(10 novembre) A causa di un'iniezione che provoca una setticemia si ammala gravemente; solo il 22 dicembre può riprendere la celebrazione della S. Messa, ma in camera.

(27 febbraio) Decreto del vescovo di Luni monsignor Giovanni Costantini per l'erezione canonica dei due Sodalizi (Sacerdoti Oblati di Cristo Re e Oblate) con la qualifica di Pia Unione. Le Costituzioni vengono approvate in via di esperimento per sette anni. 1941
(23 settembre) Il cardinal Schuster affida a padre Michele Raffo e padre Domenico Cattaneo, Oblati di Cristo Re, il compito di avviare una parrocchia nuova alla periferia di Milano, nella zona denominata «Case Minime di Vialba», e formata in prevalenza da poveri, immigrati, sfrattati dalla città.
(17 ottobre) Padre Giuseppe Bonfiglioli è nominato pro vicario della diocesi di Luni-La Spezia, dal vescovo monsignor Giovanni Costantini.

(6 gennaio) Il Pio Sodalizio delle Oblate di Cristo Re riceve l'approvazione in diocesi di Milano, dal cardinal Schuster. Il gruppo si costituisce con centonovanta membri tra effettivi e aspiranti. 1942

1943

	La storia	La Chiesa
1944	(22 gennaio) Sbarco degli americani ad Anzio. (4 giugno) Liberazione di Roma. (10 giugno) Bonomi capo del nuovo governo, emanazione del CLN.	
1945	(aprile) Mussolini fucilato dai partigiani. (28 aprile) Capitolazione delle truppe tedesche in Italia. (30 aprile) Hitler muore suicida. (7-9 maggio) Capitolazione tedesca. (26 giugno) Fondazione dell'ONU. (6 e 9 agosto) Bomba atomica su Hiroshima e Nagasaki. (2 settembre) Capitolazione del Giappone. Termina la seconda guerra mondiale.	
1946	(2 giugno) Prime elezioni a suffragio universale per l'Assemblea Costituente e per il referendum istituzionale: gli italiani scelgono la Repubblica.	
1947	Piano Marshall. Indipendenza dell'India. Prima guerra arabo-israeliana.	(2 febbraio) Con la Costituzione apostolica *Provida Mater Ecclesia*, la Chiesa approva le nuove forme di consacrazione, chiamate Istituti Secolari.
1948	(1° gennaio) Entra in vigore la Costituzione della Repubblica Italiana. Luigi Gedda fonda i Comitati Civici. (18 aprile) Prime elezioni politiche dell'Italia repubblicana.	Grandi raduni a Roma della Gioventù Femminile (baschi ruggine) e Maschile (baschi verdi) dell'Azione Cattolica.

(18 gennaio) A seguito del bombardamento di Sestri la famiglia della Madonnina si smembra. Il 18 gennaio una parte sfolla a Germanedo di Lecco, sopra Campo de' Boi, con i ragazzi delle scuole medie. Una seconda parte sfolla presso il Santuario di Roverano (La Spezia) con gli ultimi orfani presenti alla Madonnina. La terza parte, con padre Mauri e padre Vanoni, sfolla il 6 agosto raggiungendo i primi a Campo de' Boi. 1944

(14 dicembre) Il Pio Sodalizio delle Oblate di Cristo Re riceve l'approvazione nella diocesi di Como da monsignor Alessandro Macchi. Il gruppo si costituisce con ventinove membri. 1945

La comunità sacerdotale si trasferisce da Germanedo di Lecco a Erba, in una villa delle Suore di S. Giuseppe di Torino, che viene denominata «Villa Cristo Re». 1946

(2 luglio) Il Pio Sodalizio delle Oblate di Cristo Re riceve l'approvazione in diocesi di Bologna dal cardinale Giovanni Battista Nasalli Rocca. Il gruppo si costituisce con trentatré membri. 1947

1948

	La storia	La Chiesa
1949	Istituzione della NATO. Patto di Varsavia. Proclamazione della Repubblica Popolare Cinese.	
1950	Scoppia la guerra in Corea. Gli USA fabbricano la bomba a idrogeno.	Anno Santo.
1952	Elisabetta II sale al trono in Inghilterra.	
1953	(5 marzo) Morte di Stalin.	
1954		
1955		

(8 febbraio) Presentazione del nuovo testo delle Costituzioni dell'Istituto degli Oblati al vescovo di La Spezia monsignor Giuseppe Stella il quale, non intendendo approvarlo, invita padre Mauri a rivolgersi all'arcivescovo di Milano, cardinal Schuster, motivando il suo suggerimento con la convinzione che nella diocesi lombarda l'Istituto possa avere maggior incremento. 1949
(29 marzo) Il Pio Sodalizio delle Oblate di Cristo Re riceve l'approvazione in diocesi di Torino dal cardinale Maurilio Fossati. Il gruppo si costituisce con quindici membri.
(5 giugno) Il cardinal Schuster, nella festa di Pentecoste, emette il Decreto di approvazione per l'Istituto confederale degli Oblati di Cristo Re, con sede generale a Villa Cristo Re di Erba (CO).
(20 ottobre) Alcuni sacerdoti Oblati indirizzano una lettera al cardinal Schuster per chiedergli l'intervento di un visitatore arcivescovile.
(25 ottobre) Il cardinal Schuster nomina padre Ambrogio Fiocchi S.J. visitatore arcivescovile; l'indagine si conclude il 4 dicembre 1949 con l'invio di un resoconto al cardinale.

(27 gennaio) Il Pio Sodalizio delle Oblate di Cristo Re riceve l'approvazione nella diocesi di Udine da monsignor Giuseppe Nogara. Il gruppo si costituisce con trentadue membri. 1950
(28 maggio) Il Pio Sodalizio delle Oblate di Cristo Re riceve l'approvazione nella diocesi di Città di Castello (PG), da monsignor Filippo Maria Cipriani. Il gruppo si costituisce con ventotto membri.
(10 luglio) Padre Fiocchi comunica a padre Mauri la decisione del cardinal Schuster di sciogliere la Comunità Sacerdotale e il Sodalizio degli Oblati di Cristo Re.
(ottobre) Padre Mauri esprime su «La Voce della Madonnina» l'idea di fare dell'Opera un Centro di apostolato ascetico.

1952

(27 gennaio) Il Pio Sodalizio delle Oblate di Cristo Re riceve l'approvazione nella diocesi di Concordia-Pordenone da monsignor Vittorio De Zanche. Il gruppo si costituisce con diciotto membri. 1953

(marzo) Padre Mauri acquista «Villa Annunciata», già funzionante come sede lombarda dell'Opera. 1954

Primo corso di apostolato ascetico per sacerdoti. 1955

	La storia	La Chiesa
1956	Intervento URSS in Ungheria.	
1957	Trattati di Roma: istituzione della Comunità Economica Europea.	
1958	Kruscev alla guida dell'URSS, De Gaulle della Francia. Si insedia a Strasburgo il Parlamento europeo.	(novembre) Morte di Pio XII ed elezione di Angelo Giuseppe Roncalli, con il nome di Giovanni XXIII.
1959	Fidel Castro va al potere a Cuba.	Papa Giovanni annuncia il progetto di indire un Concilio Ecumenico. (5 ottobre) Passaggio del vicariato di Sestri Levante dalla diocesi di La Spezia alla diocesi di Chiavari.
1960	Eletto negli USA John F. Kennedy, primo presidente cattolico.	
1961	(13 agosto) Erezione del muro di Berlino.	
1962	Primo governo di centrosinistra. Crisi di Cuba; sfiorato il conflitto tra USA e URSS.	(11 ottobre) Si apre il Concilio Ecumenico Vaticano II. Papa Giovanni pubblica l'enciclica *Pacem in terris*.
1963	Assassinio del presidente USA John F. Kennedy.	(3 giugno) Morte di Giovanni XXIII. Viene eletto papa l'arcivescovo di Milano cardinale Giovanni Battista Montini, con il nome di Paolo VI.

Primo corso di apostolato ascetico per laici. 1956

1957

1958

(25 ottobre) Decreto del vescovo di Chiavari, monsignor Francesco Marchesani, per l'erezione del Sodalizio Oblate di Cristo Re in Istituto Secolare di Diritto Diocesano. 1959

(gennaio) Primo corso di apostolato ascetico per coniugi: «Lo Spirito Santo artefice dell'ascesi familiare». In questo periodo padre Mauri chiede a monsignor Pietro Canisio Van Lierde di diventare il Presidente del Direttivo del Centro. 1960
(12 agosto) Nella notte tra l'11 e il 12 agosto padre Mauri è colpito da infarto. Supera la crisi in circa tre mesi, ma da quel momento la sua vita dinamica subisce un arresto. Egli concentra quindi tutte le sue energie nella corrispondenza personale, nella preghiera, nella presenza discreta in Comunità e ai corsi di spiritualità, sempre disponibile a incontri personali.

1961

1962

1963

	La storia	La Chiesa
1965		(8 dicembre) Solenne conclusione del Concilio.
1966	Breznev segretario generale del PCUS.	
1967	Dittatura militare in Grecia. Morte di Che Guevara. Guerra dei Sei giorni arabo-israeliana.	Paolo VI pubblica l'enciclica *Populorum progressio*.
1968		
1996		
2001		

(aprile) L'acutizzarsi dei disturbi impone il ricovero del padre presso l'ospedale di Chiavari, dove è obbligato a trascorrere la Pasqua (18 aprile). 1965

(24 maggio) L'Istituto Secolare Oblate di Cristo Re riceve il riconoscimento di Diritto Pontificio. 1966

(25 aprile) I medici, constatato un forte scompenso cardiaco, consigliano il trasporto all'ospedale di Sestri Levante. 1967
(29 aprile) Alle 19, in ospedale, padre Mauri riceve da padre Cristoforo Tassera, cappuccino collaboratore dell'Opera, l'Unzione degli Infermi, alla presenza di padre Carlo Vanoni, don Efisio Mus, padre Paludet e una folta rappresentanza delle Oblate presenti al Centro.
(9 maggio) Dopo un nuovo collasso, constatata l'imminenza della fine, il padre viene riportato alla Madonnina perché, nella sua casa, possa disporre lo spirito all'incontro con il suo Signore.
(10 maggio) Nella mattinata riceve il Viatico, edificando tutti i presenti. Le voci di padre Carlo e padre Cristoforo, tremanti per l'emozione, si alternano nello scandire le preghiere dei moribondi.
(10 maggio) Padre Mauri muore alle ore 18:30.
(12 maggio) Il giorno del funerale, alle 10, si raccoglie attorno a monsignor Luigi Maverna, amministratore apostolico di Chiavari, per la concelebrazione nel Tempio di Cristo Re, una folta rappresentanza del clero locale, di sacerdoti ex alunni e collaboratori dell'Opera, di vescovi e assistenti dell'Azione Cattolica. Padre Mauri è sepolto nel cimitero della parrocchia di Santo Stefano del Ponte, in attesa di riaccompagnarlo, secondo il suo desiderio, nella cripta del Tempio.

(25 aprile) La salma del padre «ritorna a casa» per la sepoltura definitiva nel Santuario. 1968

(30 novembre) Monsignor Alberto Maria Careggio, vescovo di Chiavari, nell'Auditorium dell'Opera Madonnina del Grappa in Sestri Levante, avvia il processo informativo diocesano sulla vita, le virtù e la fama di santità del servo di Dio padre Enrico Mauri. 1996

(25 novembre) Solenne sessione di chiusura del processo informativo diocesano nella Cattedrale di Chiavari. 2001

NOTA DELL'AUTORE

È abbastanza naturale presupporre che chi si mette a scrivere una biografia lo faccia a causa di una corrente di simpatia verso il biografato. Le eccezioni ovviamente ci sono, ma io non sfuggo alla regola. Nell'incontro con padre Mauri è per me avvenuto l'impatto con un testimone che ha vissuto e affermato anticipatamente alcuni dei cardini della mia esperienza ecclesiale, che non ha con la sua nessuna connessione temporale.

Quando padre Mauri concludeva la sua esistenza terrena, la mia era da poco cominciata. Sono cresciuto quindi nella Chiesa postconciliare, vivendone le caratteristiche, le sperimentazioni, le aperture e le contraddizioni. È stata però un'avventura consapevole, perché la mia fortuna è stata, intorno ai vent'anni, incontrare l'Azione Cattolica: lì mi è stato presentato il Concilio, insegnandomi i suoi dettami fondamentali, la portata del rinnovamento introdotto nella vita della Chiesa e nel suo rapporto con il mondo, e la fede segnata da un primato: quello della vita spirituale.

Questo primato è alla base di quella «scelta religiosa» che l'AC del postconcilio ha fatto e sulla quale ha imperniato il suo nuovo Statuto; l'impegno per l'evangelizzazione, la santificazione degli uomini e la formazione cristiana delle loro coscienze è stabilito dall'articolo 2 e ha costituito la «carta d'identità» per migliaia di persone che sono cresciute con me. La convinzione che per avere un laicato adulto e missionario si debba anzitutto formare la persona aperta alla relazione con Dio nella lettura della Parola, nella preghiera, nella frequenza dei sacramenti e nel rapporto con i fratelli è stata alla base di tutti i percorsi formativi proposti negli ultimi decenni. Nel presentare questo nelle scuole associative, ci veniva spiegato che questa visione era stata maturata nel tempo e aveva avuto i suoi «profeti» nel preconcilio.

Da questi pochi accenni si può già intuire quale fascino abbia esercitato su di me la figura di padre Mauri. La prospettiva della santificazione nei diversi stati di vita, ciascuno al suo posto nel mondo dentro i legami familiari, nei luoghi di lavoro, all'interno della cultura e della società. La piena corresponsabilità delle diverse vocazioni verso la comunione e la missione della Chiesa. L'affermazione del primato della vita spirituale. È stato come vedere affiorare le tante radici dell'immagine di Chiesa popolo di Dio in cammino verso il Regno che dal Concilio abbiamo imparato.

Un altro dato mi pare da segnalare, e che traggo ancora una volta dalla mia esperienza associativa. Insisto sull'Azione Cattolica non tanto per ragioni autobiografiche (per quanto «giustificate» dall'amore sviscerato che padre Mauri ha in diverse occasioni proclamato per tale associazione) quanto perché si tratta di una realtà ecclesiale che per le sue caratteristiche intrinseche ha fatto – e continua a fare – da laboratorio per le più importanti tematiche pastorali degli ultimi decenni. Il tema della famiglia costituisce per l'AC un nodo irrisolto, e vorrei tentare di spiegare il perché, con un'approssimazione per cui spero di essere perdonato. Non c'è chi non sostenga l'importanza della famiglia; ma da un lato c'è chi considera maggiormente la vocazione laicale nel suo complesso, accentuando ciò che è comune ai laici sposati e a quelli non sposati, sia nella spiritualità che nella presenza nel mondo; dall'altro lato c'è chi, in base al sacramento, mette l'accento sull'esperienza coniugale come dato fondante della laicità. Il limite della prima posizione è che lascia sullo sfondo il matrimonio, trascurando che per chi è sposato il sacramento è comunque primario; il limite della seconda è che assolutizza la famiglia senza più far capire che posto hanno nella Chiesa coloro che non sono sposati.

La mia netta impressione – non di studioso ma di persona che vive la pratica della pastorale – è che tale impasse sia presente in modo diffuso nella realtà della Chiesa italiana. E che la nuzialità, come scaturisce dalle intuizioni di padre Mauri e come viene sempre più articolata dai teologi che se ne stanno occupando, costituisca la chiave di soluzione del problema. È una visione che colloca ogni vocazione al giusto posto in un quadro armonico di collaborazione e di corresponsabilità, mettendo in luce ciò che è comune a tutti – il rapporto con Cristo Sposo – e consentendo di immaginare nuove soluzioni pastorali, nell'impostazione della catechesi, delle proposte formative, dello stesso modello di comunità cristiana, in cui la famiglia non costituisce un assoluto ma un riferimento imprescindibile per uno stile pienamente ecclesiale.

Mi sono diffuso nell'illustrare questa personale convinzione non perché mi illuda che questo libro possa contribuire a un percorso di tale genere, ma perché spero che rendere maggiormente presente la figura di padre Mauri nella cultura diffusa del popolo cristiano abbia come esito anche di familiarizzare con un concetto che, a mio parere, è carico di fecondità per il nostro futuro: la nuzialità, appunto.

Credo valga la pena di sottolineare anche un altro dato. In Azione Cattolica, l'insegnamento della storia abbondantemente più che centenaria dell'associazione viene impartito con più o meno cura, ma è tale da far sì che quasi tutti conoscano i nomi dei più importanti personaggi che ne hanno fatto parte o hanno rivestito ruoli di particolare significato. È nella «volgata» associativa che la GF sia stata fondata da Armida Barelli e io stesso, che per varie vicissitudini e per interessi personali non sono tra i più disinformati in merito alla storia dell'AC, prima di incontrare l'Opera Madonnina del Grappa ignoravo totalmente il ruolo svolto da Enrico Mauri nell'ispirazione e nei primi tempi dell'organizzazione della realtà giovanile femminile dell'associazione. Perciò nutro qualche speranza che questo libro possa colmare tale lacuna di conoscenza in molti amici e amiche ancora fermi nel limite che è stato così a lungo mio.

Come ho già detto, padre Mauri mi ha affascinato; mi hanno catturato la sua vicenda umana così ricca e complessa e la sua esperienza spirituale tanto densa e carica di futuro. Per scriverne, ho scelto di raccontare la sua storia in un modo che restituisse in qualche misura i motivi della mia fascinazione. Chi è giunto a leggere fino a qui si è ben presto reso conto che non si trattava di una biografia scientifica e storiograficamente accurata; ovviamente ho cercato di non affermare nulla che non fosse documentato, ma il mio tentativo è stato soprattutto di restituire il «cuore» del padre, così come sono riuscito a percepirlo. Questo motiva anche la cornice narrativa – chiaramente frutto d'immaginazione – costituita dal Prologo e dall'Epilogo, che nella loro assoluta libertà di invenzione spero non abbiano disturbato qualche lettore.

Coloro che hanno conosciuto padre Mauri e ne serbano memoria diretta possono dire se e quanto il tentativo sia riuscito; spero sinceramente che leggere non sia stato per loro un supplizio. Soprattutto spero che la lettura, al di là del piacere che sia stato possibile trarne, abbia almeno suscitato il desiderio di conoscere di più padre Mauri e di approfondire il suo messaggio; se così sarà stato, l'autore sarà più che soddisfatto.

Desidero ringraziare l'Opera Madonnina del Grappa per la fiducia che ha riposto nel mio lavoro; in particolare ringrazio le Oblate del Centro di spiritualità, che raccolgo tutte nelle persone di Elvira Visintin, la quale mi ha seguito con discrezione ed estrema gentilezza, Enrichetta Bellati e Rita De Micheli, che hanno vagliato con attenzione lo scritto; inoltre la signora Mariangiola Flick Muzio, curatrice dell'Archivio dell'Opera, per l'assistenza prestatami in ordine alla documentazione originale.

Ringrazio don Francesco Pilloni per la stima e l'amicizia che mi ha più volte dimostrato; il suo incoraggiamento è stato fondamentale perché intraprendessi questo lavoro.

Ringrazio infine gli editori, Gabriella Segarelli e Paolo Pellegrino, per la loro sincera amicizia, che va oltre il rapporto professionale e lo sorregge.

Questo libro è dedicato a Lucetta, mia sposa in Cristo.

INDICAZIONI BIBLIOGRAFICHE

Scritti di Enrico Mauri

Padre Mauri non ha pubblicato volumi; ha invece scritto moltissimi articoli pubblicati su periodici, a partire dagli anni trascorsi in diocesi di Bobbio sul giornale diocesano «La Trebbia» (1908-1915) e poi in particolare sul periodico dell'Opera Madonnina del Grappa «La Voce della Madonnina» (1927-1967).

Lui vivente, alcuni scritti sono stati editi in forma privata, per lo più come opuscoli ciclostilati, presso l'Opera Madonnina del Grappa, più volte ristampati nel corso degli anni; si tratta di (viene indicata la data della prima edizione):

- *Catechismo-Rito nuziale*, 1950; riedito con il titolo *Spunti di catechesi nuziale*, 1965.
- *Ascendere insieme al Signore*, 1950.
- *Mistiche Nozze – Orizzonti di santità*, 1950.
- *Itinerario Spirituale della Vedovanza cristiana*, 1959.
- *Vivere nello splendore il sacramento del matrimonio*, 1961.

Sempre presso l'Opera Madonnina del Grappa, sono stati pubblicati postumi i volumi che raccolgono le circolari scritte da padre Mauri alle Oblate di Cristo Re negli anni 1944-1967:

❖ *La voce del Padre. Circolari e note alle Oblate dal 1944 al 1967*, 4 voll., Sestri Levante (GE) 1969-1973.

Inoltre è stato realizzato un opuscolo in edizione privata riproducente vari testi significativi di padre Mauri sulla vita nuziale:

❖ *Spunti per una vita nuziale in luce ascetica*, 1971.

In epoca più recente, sono stati stampati nuovi opuscoli con brani scelti del padre:

❖ *Pensieri alle Oblate*, a cura del Centro di Apostolato ascetico dell'Opera Madonnina del Grappa, Sestri Levante 1994.

❖ *Pensieri agli sposi*, a cura di A. Troya, Centro di Spiritualità Madonnina del Grappa, Sestri Levante 1995.

❖ *Pensieri alle vedove*, a cura di A. Troya, Centro di Spiritualità Madonnina del Grappa, Sestri Levante 1996.

Più recentemente, allo scopo di far conoscere il pensiero di padre Mauri sulla nuzialità, è stato pubblicato un volume con un'antologia di sue lettere:

❖ E. MAURI, *Il Grande Sacramento*, a cura di Giorgio Bertella, Edizioni San Paolo, Cinisello Balsamo (MI) 1998, pp. 216.

È ingentissima la mole degli scritti privati di padre Mauri: corrispondenza con Oblate, Oblati di Cristo Re, amici, sacerdoti, vescovi, collaboratori ecc., nonché circolari scritte alle Figlie di S. Francesca Romana, a Oblate e Oblati di Cristo Re. Tutti gli scritti sono custoditi presso l'Archivio privato dell'Opera Madonnina del Grappa a Sestri Levante.

Scritti su Enrico Mauri

In ordine cronologico, sono apparsi in volume i seguenti testi:

❖ L. Giudici, *Padre Enrico Mauri. Promotore dell'Opera Madonnina del Grappa*, Cantù 1991 (1993^2), pp. 80.
È un volumetto agile che presenta la vita di padre Mauri in modo sintetico e affettivamente assai comunicativo.

❖ B. Benni, *Cinquantesimo Oblate di Cristo Re*, Edizione Opera Madonnina del Grappa, Sestri Levante (GE) 1993, pp. 352 (pro manuscripto; edizione fuori commercio).
È un testo fondamentale, pubblicato in occasione del cinquantesimo del primo riconoscimento giuridico dell'Istituto Oblate di Cristo Re; ripercorre tutte le tappe della vita di padre Mauri, approfondendone i versanti più significativi con una ricca documentazione iconografica e il ricorso a scritti del padre stesso e a testimonianze.

❖ A. Di Medio, *Padre Enrico Mauri. Prete santo e dinamico*, Ancora, Milano 1999, pp. 102.
Si tratta del primo tentativo di una biografia sistematica di padre Mauri, a scopo divulgativo.

❖ C. Mori ~ O. Richelli, *Conquistato da Cristo. Cristologia e nuzialità negli scritti di Padre Enrico Mauri*, Effatà Editrice, Cantalupa (TO) 2003, pp. 160.
È un testo di approfondimento su due aspetti fondamentali del pensiero teologico di padre Mauri, accuratamente contestualizzato e attualizzato, nonché ampiamente documentato con scritti del padre.

È inoltre da ricordare l'opuscolo di monsignor Serafino Zardoni, collaboratore di padre Mauri per i corsi di apostolato ascetico, che raccoglie i suoi appunti su padre Mauri:

❖ S. Zardoni, *La Nuzialità di Cristo. Il pensiero di Padre Enrico Mauri sulla Nuzialità di Cristo riflessa nella verginità, nella vedovanza, nel matrimonio* (1978).

Altri studi sono apparsi all'interno di volumi; un contributo è ancora di monsignor Serafino Zardoni:

❖ S. Zardoni, *Il matrimonio via alla santità nella catechesi di Padre Enrico Mauri*, in AA.VV, *Il Matrimonio via alla santità*, Ancora, Milano 1980.

Di particolare importanza sono i contributi offerti recentemente in più sedi da don Francesco Pilloni, che dà una lettura approfondita dell'attualità spirituale e teologica del pensiero di padre Mauri; segnalo, apparso in volume, quello dedicato alla sua dimensione eucaristica:

❖ F. Pilloni, *L'Eucaristia, cuore della spiritualità nuziale in Padre Mauri*, in Id., *Così ti sposerà il tuo Creatore. Il mistero dell'amore nuziale*, Editrice Esperienze, Fossano (CN) 2001.

Testimonianze di varia ampiezza e spessore sono comparse a più riprese sul periodico «Voce della Madonnina» a partire dall'anno della morte di padre Mauri. In modo particolare sono da segnalare i due numeri speciali a cura della Postulazione, entrambi a cura di monsignor Benso Benni:

❖ *Padre Enrico Mauri. Hanno scritto di lui...*, supplemento a «Voce della Madonnina», 4 (luglio-agosto 1996).

❖ *Padre Enrico Mauri. Hanno detto di lui...*, supplemento a «Voce della Madonnina», 6 (novembre-dicembre 1996).

Presso l'Opera Madonnina del Grappa, infine, sono stati pubblicati alcuni opuscoli:

❖ *P. Enrico Mauri nel trentennio della morte*, 1997.

❖ *Tu sei sacerdote per sempre – 90° di sacerdozio di p. Mauri*, 1998.

❖ *P. Enrico Mauri e i suoi orizzonti di Spiritualità Cristiana*, con testi di V. Savio, C. Mangia, L. Nuovo, 1998.

❖ *Il contributo di p. Enrico Mauri alla nascita della Gioventù Femminile di Azione Cattolica*, con testi di S. Palese e A. Rimoldi, 1998.

❖ S. Zardoni, *50° di Villa Annunciata*, 1999.

❖ F. Pilloni, *«Sognare bisogna...»*, 2000.

❖ C. Mangia ~ L. Alfieri, *Splendore di sogno e poesia negli scritti di padre Mauri*, 2001.

❖ G. Merlatti, *Padre Mauri. Primi anni del suo ministero a Bobbio*, 2003.

Infine, mi è stato di grande utilità poter consultare l'ampio materiale biografico relativo a padre Mauri predisposto da Graziella Merlatti in vista di una futura pubblicazione.

Sul pensiero di padre Mauri

Negli ultimi anni l'Opera Madonnina del Grappa si è impegnata a promuovere pubblicazioni indirizzate ad approfondire il pensiero teologico e spirituale di padre Mauri. Questi volumi sono perciò preziosi per chi volesse rendersi conto della portata delle intuizioni del padre dentro la teologia e la pastorale contemporanee.

I materiali dei più recenti Corsi di apostolato ascetico, dedicati all'approfondimento dei temi della nuzialità e della santità, sono stati raccolti in alcuni volumi:

❖ R. Bonetti (a cura di), *Cristo Signore, Sposo della Chiesa*, Editrice Esperienze, Fossano (CN) 2000, pp. 88, con testi di S. Zardoni e F. Pilloni.

❖ R. Bonetti (a cura di), *Cristo sacerdote dei beni futuri*, Editrice Esperienze, Fossano (CN) 2001, pp. 88, con testi di M. Marcheselli, E. Castellucci, G. Mazzanti, M. Rollando.

❖ G. Campanini (a cura di), *Scelti per essere santi nell'amore*, Effatà Editrice, Cantalupa (TO) 2002, pp. 168, con testi di R. Bonetti, A. M. Careggio, D. Coletti, J. Libbi, G. Mazzanti, R. Torti Mazzi, F. Pilloni.

❖ I. e E. Beltramo (a cura di), *La Chiesa sposa. Un volto di comunione*, Effatà Editrice, Cantalupa (TO) 2003, pp. 144, con testi di E. Bartolini, R. Bonetti, D. Calcagno, G. Mazzanti, N. e D. Oreglia, F. Pilloni.

Nella collana «Grappoli di palma» della Editrice Esperienze sono comparsi i seguenti volumi:

❖ F. Pilloni, *Così ti sposerà il tuo creatore. Il mistero dell'amore nuziale*, Fossano (CN) 2001, pp. 128.

❖ F. Pilloni, *Chi possiede la Sposa è lo Sposo. Meditazioni sul Vangelo di Giovanni in luce nuziale*, Fossano (CN) 2002, pp. 88.

Nella collana «Nuzialità» di Effatà Editrice, diretta da esponenti dell'Opera, sono comparsi i seguenti volumi:

❖ F. Pilloni, *Ecco lo Sposo, uscitegli incontro. Percorsi teologici e pastorali sul sacramento del matrimonio*, Cantalupa (TO) 2002, pp. 272.

❖ F. Pilloni ~ Gruppo CEI del Master in Scienze del matrimonio e della famiglia, *Danza nuziale. Itinerario teologico e catechistico per coppie e famiglie*, Cantalupa (TO) 2002, pp. 208, con Cd-rom allegato.

❖ R. Bonetti (a cura di), *Teologia nuziale e sacramento degli sposi*, Cantalupa (TO) 2003, pp. 144, con testi di R. Bonetti, L. Crociani, G. Gillini, G. Mazzanti, F. Pilloni, M. T. Zattoni.

INDIRIZZI UTILI

La sede dell'Opera Madonnina del Grappa è situata in:

Piazza Padre Enrico Mauri 1
16039 Sestri Levante (GE),
tel. 0185.457.131 ~ fax 0185.485.403
e-mail: mdg.centro@virgilio.it

A questo indirizzo è possibile rivolgersi per qualsiasi necessità riferita alla causa di beatificazione di padre Mauri.

Presso la sede è custodito l'Archivio privato dell'Opera, contenente gli scritti di padre Mauri e la documentazione inerente la storia dell'Opera stessa; l'e-mail dell'Archivio è mdg.archivio@libero.it.

Alla sede è annesso il Tempio di Cristo Re, nella cui cripta riposano le spoglie mortali di padre Enrico Mauri e di padre Carlo Maria Vanoni.

Le altre sedi dell'Opera:

Villa Annunciata
20050 Casaglia di Besana Brianza (MI)
tel. 0362.995.410 ~ fax 0362.994.790
e-mail: mdg.annunciata@tin.it

Casa La Rocca
Via Gardesana 16
37018 Malcesine (VR)
tel. 045.740.1312

Oasi Tabor
Loc. Cenate
73048 Nardò (LE)
tel. e fax 0833.573.013
e-mail: oasitabor@virgilio.it

PREGHIERA PER LA BEATIFICAZIONE DI PADRE ENRICO MAURI

Padre buono, noi Ti ringraziamo,
perché in padre Enrico Mauri
ci hai donato un Sacerdote
testimone della Tua paternità
e segno vivo della Tua provvidenza.
Fa' che per sua intercessione
il nostro cuore si apra
alla Tua parola ed alle necessità dei fratelli.

Gloria al Padre...

Signore Gesù
che hai donato a Padre Mauri
una particolare comprensione
del Tuo mistero di amore nuziale per la Chiesa,
e lo hai guidato a illuminare
il cammino di santificazione
dei sacerdoti, delle vergini,
delle vedove, degli sposi,
fa' che per sua intercessione
possiamo incarnare ed irradiare
nel nostro stato di vita
questo sublime amore.

Gloria al Padre...

Spirito Santo,
artefice di santificazione e di unità,
che hai trovato in Padre Mauri
un tuo docile strumento
e ne hai fatto un apostolo
della santità coniugale e familiare,
fa' che per sua intercessione
possiamo diventare
testimoni dell'amore ed apostoli di spiritualità
nel mondo di oggi.

Gloria al Padre...

Signore, se è tua volontà,
glorifica il Tuo servo, Padre Enrico Mauri,
e per sua intercessione concedi a noi
la grazia che Ti chiediamo...
Ti ringraziamo perché siamo certi
che Tu ascolti sempre il grido dei poveri.
Amen!

Con approvazione ecclesiastica, 24 aprile 2001
✠ Alberto Maria Careggio, Vescovo di Chiavari

INDICE